Ecrire c'est vendre

DU MEME AUTEUR

LA PROMENADE CASSÉE (Roman, Gallimard).

LES AUTOCOINCÉS (Roman, Gallimard).

DANS L'INTIMITÉ DU TORO (Entretiens avec des toreros français, préface de Jean Lacouture, Hallier).

MILLE PATTE SANS TÊTE (Roman, *Prix des Deux-Magots 1976,* Hallier).

L'ANTI-ÉDITEUR, (Pamphlet, Hallier).

A paraître :

LA TERRE NE TOURNE PAS AUTOUR DU SOLEIL (Roman).

François Coupry

Ecrire c'est vendre

Esquisse d'une économie politique de la littérature

Editions Hallier

Il considérait les livres un peu comme des oiseaux et ne voulait pas les voir immobiles dans des cages...

Italo CALVINO

Ouverture

J'ai publié, l'an dernier, *l'anti-éditeur*, court pamphlet sur l'édition, rapide, maigre et borgne. A ce petit livret, manquait sa musique : une dilatation des sons, une épaisseur.

Ici, maintenant, sept textes vont chanter *sur le théâtre inconscient de la vie des livres et de la littérature.* Il ne s'agit pas, de nouveau, de s'exciter sur les petits potins ou les scandales banaux du monde de l'édition. Mais d'essayer de saisir lentement la littérature et tous les livres (de l'Annuaire du téléphone aux textes d' « avant-garde ») à travers leur vie : leur commerce.

La question murmurée au long de ce court livre : « que peuvent faire aujourd'hui, *politiquement*, les gens qui écrivent, devant un capitalisme plus solide qu'on ne le croyait, et en attendant un bouleversement des pratiques et de l'économie que l'Union de la Gauche ne réalisera pas ? ». La réponse esquissée, peut-être risiblement : « des traversées scandaleuses »...

Sept petits travers, ici, vont s'expliquer ; sept regards sur la culture. Chacun partira d'un point de vue différent ; chacun ira où il peut, en l'errance de toute pensée écrite. Il s'agit, sans doute, de dire sept fois la même chose, mais sous des aspects totalement distincts, en laissant agir les contradictions, les redites. L'ensemble des travers sera pervers.

En vérité, il faudrait avoir sept yeux pour lire, en même temps, ces différents chemins. Il faudrait les entendre comme un grand « tutti », un grand ensemble d'opéra, un septuor, où des personnages chantent en même temps, s'accompagnant en une grande et lente mélodie simple, puis s'éloignent, se diversifient, se contredisent, mais toujours retombent dans le tempo. Aucune des voix ne peut s'écouter seule ; n'est signifiant que le tout (*).

Quelques appendices, en fin de volume, feront *écho* d'actualités...

Dans les opéras, il y a souvent un meurtre. On découvrira l'assassin dans les dernières lignes.

Avril 1977.

(*) Ces textes se recoupant sans cesse, quelques repères (mais pas tous) sont indiqués par des astérisques, renvoyant à d'autres pages, formant ainsi une toile d'araignée.

1

LE MANUSCRIT REFUSÉ AU LECTEUR

(pour une voix de baryton)

C'est l'histoire simple des inconnus qui envoient leurs feuilles dactylographiées à un éditeur susceptible de dépenser plusieurs millions pour changer ce manuscrit unique en milliers de livres. Un centième seulement des textes envoyés sera retenu. Le reste n'entrera pas dans l'histoire de la littérature. Qui n'est autre que celle de l'édition.

Un peu différents (moins qu'on ne le croit, plus qu'on le dit) sont les usages avec les auteurs déjà connus pour des raisons littéraires ou autres, avec les amis des amis, et les petits clans du sixième arrondissement de Paris.

Le manuscrit de l'inconnu, bouteille à la mer hasardeusement découverte dans une boîte aux lettres, suivra un chemin rituel, passera une série de frontières de plus en plus exigeantes, passera par des tamis ; il sera jugé, noté, comme autrefois dans les écoles, par généralement trois lecteurs. Dans les grandes maisons, se fatiguent des lecteurs extérieurs qui, comme des postiers mais plus mal payés, effectuent le premier tri. D'autres lecteurs, plus puissants, officient au comité de lecture. Et décident, quelquefois.

Elle m'intéresse et m'intrigue, cette lecture-là, cette lecture spéciale des maisons d'édition, cette lecture dont le *sous-entendu* (ce qui permet aux mains de tenir le livre) n'est pas la recherche d'un plaisir ou un élargissement du savoir, mais une question : « d'autres vont-ils le lire, celui-là ? ».

Déjà fiché et répertorié, le paquet arrive dans les mains de l'examinateur. Une expression de police, peut-être la plus terrible, se balance ainsi : « tout ce que vous direz désormais sera compté contre vous ». La moindre respiration ou transpiration d'une cellule sera prise en considération ; à son habituelle signification se rajoute celle d'y trouver coûte que coûte un sens. Devient énorme le moindre détail du manuscrit livré à la Justice. L'enveloppe postale même porte l'indice de l'innocent ou du coupable. On m'a rapporté que Jean Paulhan (grand lecteur et juge) disait que le manuscrit envoyé anonymement, à la « maison d'édition » en général, à personne de précis, était rarement « bon ». Tandis que celui envoyé à quelqu'un de particulier (même connu que par ouïe-dire, lecteur en cette édition) avait plus de chances d'être « bon ». Et déjà cet indice ouvre le rideau sur une conclusion, qui sera amenée par d'autres constatations : l'écriture est pensée comme une science en marche, qui suppose un savoir, dont un symptôme peut être la connaissance de ce qui se passe derrière les murs des comités de lecture. Celui qui envoie son paquet à personne ne sait pas, son manuscrit ne *s'ancre* pas.

Détail, aussi, mais qui se scrute « policièrement », que la forme-même du paquet, ces ficelles qui, quelquefois, saucissonnent le manuscrit, pour le protéger, peut-être retarder sa lecture, mais en tout cas le valoriser : la difficulté d'approche ferait-elle la grande œuvre ?

Indice, aussi, dans ce décortiquage soupçonneux, celui que marque, papiers et ficelles enlevées, la

« présentation » du manuscrit (comme on parle, à l'école, de présentation de la copie !).

Il y a la copie franchement dégueulasse, vaguement enveloppée dans une chemise cornée, les pages pleines de ratures, la frappe un peu saoûle. Est-ce à dire que le lointain et inconnu scripteur s'est littéralement battu avec son manuscrit, l'a pris « corps à corps » ; a voulu y laisser la marque de son propre corps (crispation des doigts sur le papier, taches, soupirs...) ? Est-ce à dire, au contraire, un effet de distance, une sorte de « n'avoir pas l'air », un détachement ? Mais rapprochement ou détachement (deux faces du même carré pulsionnel) se voit là un effet de *mise sans scène*, la marque d'une errance. Et le lecteur d'édition, qui voit comme modèle de décision le *livre définitif* où ne sera pas admis l'incertain de la rature, prend mal l'antithèse physique du souverain travail.

Il y a le manuscrit propre, neutre, adéquat avec l'idée qu'on se fait du « Manuscrit ». De lui, terriblement, il n'y a rien à dire. Et dans notre état mental où on a failli guillotiner Patrick Henry pour, bien qu' « assassin », avoir l'air simplement « normal », terrifiante d'insignifiance est la normalité.

Par contre on peut « parler » du manuscrit trop bien présenté. Le manuscrit qui singe le livre imprimé : couverture cartonnée, feuilles brochées par des pinces, pages de garde, faux-titres, etc. S'enchaîne ce possible discours dans la tête du lecteur : « l'auteur a tellement peur de ne pas être imprimé (édité) qu'il s'est *presque* imprimé lui-même ; et s'il a tellement peur, c'est qu'il ne croit pas en lui ; et s'il ne croit pas... ». De plus, toute la puissance du lecteur d'édition vient de ce qu'il permet au texte de passer de l'état de manuscrit à celui de livres brochés. Il aimera donc l'humilité de celui qu'il « sauvera ». Pourquoi vouloir rendre heureux un peuple déjà heureux ? se demandera le Roi. Le manuscrit qui « singe » le vrai livre enlève de son pouvoir au lecteur.

Et puis il ouvre le livre, avec l'habitude, l'indifférence et la jouissance d'un médecin légiste.

Le lecteur de maison d'édition a deux yeux, celui qui regarde et celui qui lit.

Premier œil : on hume le livre, ce n'est pas l'effeuillage de la fleur, mais l'approche de son odeur. Nous avons lieu commun de croire que la première impression est la bonne. Et le problème aigü : dès ce premier œil, le lecteur saura si ce manuscrit est valable ou non, comme une *évidence.* Et cette évidence je la dis vraie, effective et foutrement problématrice.

On recherche ce qu'on appelle un *ton,* une *langue,* un *tempo,* une certaine façon de placer les mots, une certaine *étrangeté,* une musique (je ne dis pas nécessairement une harmonie). Ce premier œil essaie d'aspirer, au fil vertical d'un sentiment de quelques lignes feuilletées, une façon neuve et originale (propre à l'auteur) de dire. Il faut que cela *attire l'attention,* que la suite des mots émerge de son brouillard plat, qu'elle devienne justement autre chose qu'une suite de mots : quelque chose qui choque, trouble, raconte, figure, qui produit un effet, un réveil ; une nouveauté... Le lecteur demande à l'auteur une connaissance de l'état actuel du déjà écrit. On ne peut plus inventer la locomotive ; on ne peut plus écrire comme en 1900, et le rétro est toujours nouveau ! Cela joue même pour un texte dont le seul propos ne serait pas la prise au piège de sa propre langue, même pour un texte dont la langue se croirait (à tort) n'être qu'utilitaire. Il faut que ce soit *écrit*. Je ne dis pas « bien » ou « mal » écrit, c'est une autre histoire. Et « écrit » veut dire : la manifestation, l'objectif sentiment, d'une responsabilité, d'un *sciemment fait ;* d'une conscience du pourquoi, par exemple, tels chocs de mots au lieu d'autres, ou, à l'autre limite, d'une conscience de son inconscient, de son « laisser-écrire ».

Le second œil, lui, commence la lecture verticale, celle qui lit, enlève les pétales un à un. Un à un, n'oublions pas que le lecteur a dans sa tête le modèle du livre imprimé, pages numérotées, début et fin — et qui restera, de par sa constitution physique (*), avec un début et une fin, malgré certaines déconstructions tentées ces derniers temps. Alors le deuxième œil, patiemment, va s'attacher à l'ensemble, disons à la construction ; car il ne suffit pas d'avoir (de faire) une langue, il faut encore qu'elle s'étale. Le manuscrit doit justement devenir livre : objet plein (même « plein de vide »), qui part d'un lieu et va vers un autre : et qui, surtout, dans son ensemble, va *jusqu'au bout de son principe* (même, à la limite, si son principe est de ne pas en avoir), va jusqu'au bout de lui-même, épuise la majeure partie de ses possibles, *secrète manifes-*

(*) Voir : « Le oui-livre, le non-livre et le trop-de-livre ».

tement sa propre logique, bref fasse un *tout* cernable, *reliable...*

Alors si les deux yeux se trouvent en face de leur trou : une langue, un ton dans un ensemble qui va jusqu'au bout de lui avec rigueur, l'œuvre est digne d'être œuvre.

On peut penser que ces critères sont dérangés par certains travaux « d'avant-garde » pourtant publiés. Tant qu'on restera dans des problèmes d'écriture, de langue ou de structure, tant qu'on se posera le problème du discours (même pour le nier ou le renier), tant qu'on fera de la recherche, tant qu'on produira de la nouveauté, ce sera de la littérature, du publiable. Du livre classique avec sa langue sans cassure, au texte d'avant-garde qui désire s'émietter, on reste dans les critères de publication, si on est sciemment écrit, et si on forme sa propre logique ; telle est la barrière qui différencie ce qui sera dans l'histoire de la littérature (l'édité) et ce qui n'y sera pas.

Au-delà de ces critères objectivables, souples, sujets à nuances, mais précis, toute publication est impensable.

A l'intérieur de ces limites, peuvent intervenir tous les impératifs économiques, de goût, d'esthétiques, de politique de la maison d'édition ; peuvent intervenir la question de l'actualité du sujet, pour les essais et les documents. Peuvent intervenir les impondérables et le poker éditorial. Oui, il y a un ton pour chaque maison d'édition ; on pourrait s'amuser à les caricaturer, mais qu'importe ! Le lecteur, au milieu des contingences propres à ses employeurs, reste enfermé dans cette idéologie qui précise ce qu'est un texte publiable, idéologie soufflée par la physique économique du livre, et l'état social d'écrivain, personne qui fait *vivre une langue.* (*)

L'autre lecteur, le commun des mortels, n'aura donc accès qu'au texte publié après décision du comité de lecture d'une maison d'édition (1) ; il ne lira jamais ce qui n'est pas « intéressant » : des romans d'amour au style ampoulé et maladroit, qui répètent, mal, des œuvres d'antan, des essais incohérents qui se veulent cohérents, les choses plates et ennuyeuses... Son jugement, son plaisir, son déplaisir, se manifestent après un choix, *dans* ce qui « est dans la littérature ».

Bien que pratiquant le même acte — lire — il y a des évidentes différences fondamentales entre le lecteur ordinaire (et je stigmatise son ordinaire par un l minuscule) et le Lecteur d'édition (L majuscule). Le lecteur est préparé dans la lecture ; il sait d'abord que ce qu'il lit entre dans les limites de l'admission à l'état de texte et d'écrivain ; il sait aussi, avec l'actuelle multiplication de « prières d'insérer », « bandes » et critiques, en gros ce qui l'attend. Le Lecteur, en général, ne sait rien : il fait un travail de totale découverte assez semblable à celui de l'écriture (on ne sait jamais où l'on va, écrivant). Les Lecteurs sont d'ailleurs toujours des écrivains. On est jugé par ses pairs. Raison de plus

(*) Voir : « Est Ouest Berlin Ecrivain ».
(1) Inexact. Voir les comptes d'auteur. Mais les comptes d'auteur ne sont pas lus. (Cf. « L'écrivain, l'anti-écrivain et le pseudo-écrivain ».)

pour que ça reste confiné dans les limites du « métier » (*). Chez le Lecteur (et cela le différencie alors complètement du lecteur) se passe un curieux transfert. Le Lecteur qui aime un manuscrit, parce que ça rentre dans des zones de plaisir pour lui déjà écrivant, prend magiquement la place de l'auteur. A l'intérieur de son système, c'est ce qu'il n'a pas pu écrire, mais qu'il aurait pu écrire. Il devient, et c'est surtout le cas des « directeurs de collection », l'avocat du manuscrit et de l'auteur (**). Et le rôle de tout avocat est de prendre la place de son client. Il essaie de gagner : que l'auteur ne soit plus coupable (de n'être pas écrivain !), qu'il devienne public. Et ce phénomène de transfert joue tant que certains directeurs de collection de grandes maisons d'édition m'ont confié qu'à force de trop lire, ils ne pouvaient plus écrire. A force de trop faire cet acte de *posséder* un manuscrit, pour le laisser entrer dans le lisible. Le directeur littéraire a magiquement écrit tout ce qu'il fait publier ; d'où une sorte d'effet de fraternelle paternité, qui ne fait que renforcer l'importance de l'éditeur comme père.

Mais n'est pas fils qui veut. Il faut justement être de la famille. Lois : le manuscrit passera en plusieurs lectures ; et en chacune sera noté. Puis ira devant le tribunal où seront collectionnées et discutées les notes, pour arriver à la Décision.

On a souvent reproché aux éditeurs leurs lettres

(*) Voir : « Est Ouest Berlin Ecrivain ».
(**) Voir : « L'écrivain, l'anti-écrivain et le pseudo-écrivain ».

de refus. On leur a reproché de n'employer que des formules passe-partout, du genre : « votre manuscrit ne rentre pas dans le cadre de nos collections ». On (des écrivains refusés) voudrait savoir la « vérité ». Les éditeurs eux-mêmes reconnaissent que ce n'est qu'une formule, mais ils ne s'avouent pas qu'elle est bougrement significative, que finalement elle dit « la vérité ». Et les refusés qui demandent autre chose ne pourraient avoir mieux. Si le « ça ne rentre... » ne signifie pas que ce n'est pas le style de la maison, il veut en tout cas dire que ça ne rentre pas dans les limites de ce qu'est la littérature (disons la collection « mentale » de l'édition) : ça n'est pas « écrit », ce n'est pas « intelligent », ça n'a pas de « logique interne », et ce n'est pas « urgent » (pourquoi le publier, ça n'ajoute rien), et ce n'est pas « évident ».

L'existence de ces étroits cadres — non caprices d'éditeurs, mais symptôme même de ce qui fait partie ou non de l'histoire errante de l'écrit — prouve encore bien qu'écrire est posé comme une technique, une science en évolution, nécessitant un certain savoir. Savoir ce qui s'écrit actuellement, nager dans un courant, aussi large que possible (puisqu'il va de Delly à Denis Roche), et dont chaque composante suit son évolution propre : il y a un ton actuel du roman de facture classique, un ton actuel de l'avant-garde, un ton actuel du reportage, etc. Et on respire, ou non, dans ce ton, dans ces cadres du publiable.

Le manuscrit refusé par toutes les « maisons » ne vit pas dans ce flot que l'édition ne fait que contenir comme des digues mobiles qui suivraient le mouvement de la mer, ne servant qu'à délimiter fin et commencement. Le manuscrit refusé par toutes les « maisons » ne fait sans doute que répéter, et mal, des formes, des sens et des langues déjà mortes et enterrées par une évolution de plus en plus rapide. Leurs auteurs sont des chercheurs qui ne se savent pas des chercheurs et ignorent l'état actuel des découvertes.

Peut-on encore parler d'un manuscrit refusé parce que trop en avance sur son temps ? Ce fut vrai. Ce l'est de moins en moins : les éditeurs depuis peu lisent les journaux et deviennent terriblement attentifs aux nouveautés. Dans un système marchand de super-consommation, où il faut sans cesse vibrer du neuf, la voix trop originale n'est plus un handicap, comme elle l'était il y a encore trente ans. Les « chercheurs » en avance des courants, le restent un an, et trouvent vite leur public, leur éditeur. Le mythe du poète maudit parce qu'en avance sur son temps est en train de se remplacer par un autre mythe : celui de l'écrivain « maudit », parce que ses manuscrits ne sont pas intéressants, ne sont pas sciemment écrits, n'ont pas de langue, de ton, de logique interne, etc...

De plus en plus, des masses incalculables de gens griffonnent, attirés par la mythologie de l'écrivain, la promotion sociale par l'écriture (*). Mais ils n'adhèrent pas à la classe qui sait écrire, qui est « au courant ». Ils réinventent l'avion à réaction

---

(*) Voir : « Le oui-livre, le non-livre et le trop-de-livre » et « Est Ouest Berlin Ecrivain ».

vingt ans après, et, qui plus est, leur avion ne marche pas.

Et ça représente 99 % des manuscrits lus par les Lecteurs des maisons d'édition. Et ça représente ceux qui n'arrivent pas à l'état d'écrivain, tel que le définit une société, en sa culture qui pose l'écriture comme une science où sont nécessaires le savoir et surtout l'invention. Et, bien sûr, ceux qui, guidés par quelques mirages, n'arrivent pas à l'état d'écrivain, n'appartiennent pas, le plus souvent, non plus, à la bourgeoisie ou à la grande bourgeoisie. Alors 99 % des écrits sont inadaptés à l'histoire et à l'évolution de la culture et de la littérature.

Terrible masse rancunière des impubliés. A côté de notre littérature officielle, intelligente, intéressante, et libidineusement chercheuse, les tiroirs des inadaptés débordent d'une sous-culture, d'une sous-littérature (qui n'a rien à voir avec ce qu'on a trop longtemps appelé la sous-littérature : bandes dessinées, romans policiers, science-fiction — mais qui est quand même publiée, elle, et mise en histoire). Les manuscrits refusés n'existent pas en tant que trace collective. Ce ne sont que déceptions individuelles. Fumier gras, sur lequel la littérature, la *vraie*, se fait, heureuse d'avoir un « hors-de » pour mieux se cerner ou s'emmitouffler.

Mais je pense que la masse des manuscrits non-publiés, ces tonnes de papiers inconnus, représentent plus que la simple bonne ou mauvaise conscience des textes publiés. *Ils sont leur inconscient.*

Quelques fois on me parle de liberté d'expression. Quelle clownerie ! Moi, publié dans un pays que les discoureurs nomment « libre » (pour eux par rapport à certains pays communistes ou aux pays fascistes), suis-je libre d'écrire ce que je veux ? Bien sûr que non (*) ! Puisque, pour accéder à la publication, il me faut travailler dans l'histoire du développement de l'écrit, pour ou contre, suiviste ou révolutionnaire, mais toujours *dedans*. Il faut que je sois responsable de mon écriture, bref : écrivain. Et je ne peux pas écrire un manuscrit inintéressant ! je serais refusé. Je pense à la totale innocence de celui qui écrit son manuscrit futur-refusé. Non pas à sa « liberté » (ce n'est pas lui qui tient la plume, c'est son donquichotesque désir de devenir écrivain), mais à sa totale illusion de liberté. Il faut que je fasse œuvre, que je fasse date. Car persiste toujours le grand fantasme : peur de ne pas être publié (voilà le pourquoi de ce texte ?).

Alors j'aime la simple transgression de ceux qui aujourd'hui écrivent objectivement (par l'objectivité de leur manque) pour être refusé. Hors de l'histoire, leur trace sera patte de mouche. Leur haine, leur rancœur : écrivains ratés ! Mais ces mots perdus joueront dans leur nuit le rôle de *trop plein* de la littérature officielle, responsable et belle. C'en sera le non-dit, le trop-dit, l'impensé : *l'interdit :* la matière première !

Mais il fallait bien que cet inconscient trouve son divan. A Nantes et à Yerres viennent de se créer deux bibliothèques des manuscrits refusés. Là, tous ceux qui sont recalés à l'examen de passage de

(*) Voir : « A quoi peut bien servir la critique littéraire dans les quotidiens et les hebdomadaires ? ».

l'histoire de la littérature peuvent déposer leur pauvreté. Ainsi pour les archéologues futurs sera lisible le non-dit (ou le trop-dit) de ce qui s'écrit actuellement. Un jour, ces bibliothèques, plus grandes que celle d'Alexandrie, plus folles que celle de Babylone, ouvriront leurs portes, en plein fracas, et surgira un bouillon de textes, le raz-de-marée délivré de ce que moi, intellectuel d'extrême-gauche, écrivain officiel (même si critique !) et éditeur, j'appelle « mauvais manuscrit ».

2

L'ÉCRIVAIN, L'ANTI-ÉCRIVAIN ET LE PSEUDO-ÉCRIVAIN

(pour une voix de ténor)

On peut faire comme Rimbaud, aller vendre des choux au Texas. Le rêve de tout écrivain : cesser d'écrire, ranger son colt, tant est pénible cette honte de se cacher en faisant mine de dire. Parler des écrivains : une certaine subtile façon de se taire, en se regardant. Ici, pour s'amuser de la mythologie de l'écrivain, entre les « canyons » de piles de livres, va se jouer un grand western (autre mythologie) en trois couleurs : le truand, le bon et l'imbécile : l'écrivain, l'anti-écrivain et le pseudo-écrivain. Les moquettes de l'édition vont se tacher de sang. Qu'est-ce que la littérature ? : un coup de feu dans la sierra déserte.

I

La plupart des écrivains, actuellement, ne peuvent vivre matériellement uniquement « de leur plume », et ça ajoute à ce travail d'abeille un manque constant : écrire n'est pas vendre. Affirmation murmurée de crânes en crânes et qui se délie en divers propos de table : « le grand écrivain n'a pas à se soucier des aléas, des contingences de la vie publique d'un livre (son marché) »... « La grande œuvre, par définition, ne se vend pas dès sa parution, ne « marche » pas vite ; regardez « le Procès », « Ulysse », « le Bruit et la Fureur » ! »

Dans les faits, sous divers masques, ils pensent tous ainsi, les écrivains. Ils renversent même l'équation : leur œuvre ne se vend pas, *donc* c'est un chef-d'œuvre. Les éditeurs rigolent qui rassurent ainsi d'un échec commercial. Insondable débilité tranquille de ceux qui écrivent.

Ils ont *honte de vendre.* Ils le désirent tous, mais ne peuvent l'afficher ouvertement ni l'admettre dans leurs fantasmes, ces professionnels du faux-fuyant. Alors, ils ne veulent pas savoir comment ça peut se vendre, ils n'osent pas dire qu'ils vendent. Tout se passera dans le secret d'un confessionnal entre l'éditeur et eux.

Et si, actuellement, certains se syndicalisent (*) et réclament bien timidement, entre autres revendications, le droit au regard sur les comptes, le désirent-ils vraiment ? N'est-il pas plus tranquillisant d'admettre une fois pour toutes que l'éditeur les vole, pour ne pas toucher à cette question d'argent, qui leur fait peur, surtout s'ils sont de « gauche ». Certains vendent, d'autres pas ; certains rentrent dans leur mythologie et font inconsciemment tout pour ne pas vendre, d'autres au contraire font tout pour vendre ; mais leur obsession commune réside dans cette *mauvaise conscience,* plus ou moins affichée, de changer des billets imprimés en papier de banque. Ceux qui y arrivent se métaphysiquent la cervelle, croyant effectuer un « crime

(*) Voir : « Est Ouest Berlin Ecrivain ».

nécessaire ». Symptomatique de cette honte : l'avance sur vente réclamée par beaucoup d'écrivains avant parution du livre. Ce n'est pas le résultat d'une vente concrète, visible, mais un « cadeau » sur une vente abstraite, possible mais non-virtualisée : un rêve de vente !

Et l'œuvre qui se vend reste suspecte. Si un auteur, qui se vendait peu (disons moins de 1 500 exemplaires) sort soudain un titre qui lui « marche » (comme on dit), ce ne peut être, pour les critiques patentés, pour les lecteurs professionnels (les zonards du monde littéraire), son meilleur livre. Ce ne sera qu'un bâtard suspect. On voit rarement un grand vendeur appelé « grand écrivain », non par ses lecteurs, mais par les évêques de la littérature. Le grand écrivain (Bataille ! Artaud !) ne vend pas, ou peu, ou, en tout cas, « pas tout de suite », et ne doit rester connu que d'un cénacle intime. Je ne veux pas dire dans tout ça qu'une œuvre importante est une œuvre qui se vend bien ! Ce qui ne ferait que remplacer la valorisation de l'œuvre qui reste intime par celle de l'œuvre grand public : même ordre d'idée, même ordre d'imbécilité. Je veux simplement dire que la question de vendre n'est pas posée comme inhérente à l'œuvre, comme sa *continuation,* mais justement comme un *autre* problème, une autre histoire qui, ensuite, valorise ou dévalorise l'écrit ; je veux signifier ce refus du livre comme produit, comme marchandise dont la fonction principale n'est pas d'être lu, mais d'être acheté, échangé, de circuler d'abord dans un premier sens, celui d'une valeur marchande. Terrible refus d'une terrible réalité.

Mais cette suspicion du livre qui vend, vient aussi d'un autre champ. Un phénomène relativement nouveau (disons commencé au début du 20ᵉ siècle) : en même temps la lecture se diversifie, est atteinte par le plus de classes différentes, et en même temps l'écriture se pose de plus en plus comme travail difficile de recherche, réservé à quelques savants touchant peu de gens, donc tend à produire des sous-courants de vulgarisation. L'écrivain n'est plus prêtre d'un art, mais travailleur spécialisé, ce qui « paraît » moins idéaliste. Celui qui vend bien est pensé comme vulgarisateur d'une science qui ne peut plus se lire couramment *dans* les écarts de classe. Par exemple, Boris Vian (qui se vend) sera défini comme vulgarisateur du travail de Raymond Queneau (lui chercheur !) — et chez Queneau lui-même « Zazie dans le métro » sera méprisé comme petite drôlerie vulgarisée dans un ensemble sans concession. Plus près d'aujourd'hui, Annie Leclerc (succès !) est pensée vulgarisatrice de travaux plus difficiles sur la recherche d'une langue de la femme, comme ceux, par exemple, de Monique Witting ou Hélène Cixous (*).

Enfin n'oublions pas : dans nos têtes courtes, quelqu'un qui vend est aussi *vendu*. Nous vivons l'inconciliable choc de deux principes : ou bien « marginal mais inefficace » ou bien « efficace mais récupéré ». (Efficace : ce qui peut produire un mouvement de masse capable de modifier les structures ou idéologiques ou économiques d'un ensemble.) Lu, vendu à plus de 10 000 exemplaires, un écrivain

(*) Voir : « Le oui-livre, le non-livre et le trop-de-livre ».

est aujourd'hui, par définition, récupéré, vulgarisateur et joue par conséquent le jeu du pouvoir (de l'idéologie dominante, ou plus simplement des idées toutes faites). « Véritable créateur » (si on peut encore employer ce mot), on appelle ainsi celui qui devance l'idée commune, ou se situe dans un ailleurs du lieu culturel courant (*) ; il ne peut être une valeur marchande. Et s'il le devient, on dira qu'il est récupéré. On dira que le surréalisme a été récupéré après la guerre de 1940, quand il est devenu une bonne valeur de vente passée dans « le domaine public », quand il a été amené à se *diluer* (voilà le reproche !). Avant il demeurait marginal, pur, dur, animal de chapelle. Marginal-inefficace / efficace-récupéré, n'est-il pas temps de sortir de ce dilemne mal posé ?

Le texte important littérairement ne se vend pas, le texte qui se vend est futile (à cause d'un mépris du grand public abruti par une idéologie au pouvoir), n'est-il pas temps de sortir de cette loi, de la traverser ? (Comment ? Où ?)

Les éditeurs, à la fois sont victimes et à la fois reconduisent cette douce mythologie. Je vais faire rire : les éditeurs, eux aussi, ont mauvaise conscience de vendre. Ce qui ne veut pas dire qu'ils ne le font pas. Mais justement, ils se sentent bien « obligés ». Toujours le très chrétien « mal, crime nécessaire ».

L'éditeur a tellement honte du commerce qu'il passe son temps à s'en excuser. Et les collections

(*) Voir : « Contre quel lecteur taper des mots sur le papier ? ».

de littérature dite « difficile », dans les grandes maisons d'édition, se signifient comme « alibi » de vendre (ou d'avoir vendu) d'autres livres ! Quels faux problèmes ! Les éditeurs font tout inconsciemment pour ne pas vendre certains textes qui leur paraissent importants, nouveaux. Ce serait les souiller ! Imaginez les Chants de Maldoror vendus à 200 000 exemplaires dès leur parution ! Nos mythes s'écrouleraient. Alors les éditeurs font de la rétention : ils ne promotionnent pas ce qu'ils considèrent comme littérairement important (je caricature : je dis vrai), ne le publicitent pas, ne veulent pas le mettre dans l'époque. Et Bernard-Henry Levy (directeur de la collection « figures » chez Grasset) fait scandale, en promotionnant, avec humour et raison, la nouvelle philosophie comme une nouvelle marque d'apéritifs.

L'édition est dans une angoisse. Au milieu d'un monde super-industrialisé, d'un grand Far-West, où les individus deviennent de plus en plus sourds à force de se relier par des canaux d'informations, où seul demeure vrai le lieu public, commun, su, massivement diffusé, le spectacle, au milieu d'un monde capitaliste, où l'échange, la circulation marchande est la seule preuve du réel, l'édition a peur de ce grand jour, de cet « ouvert » du discours quotidien et veut se protéger. Timide, elle reste avec des habitudes, des tics, des idées du 19e siècle sur la discrète et sournoise circulation privilégiée des livres « sous le manteau » (*) ; mais en même

---

(*) Voir : « Le oui-livre, le non-livre et le trop-de-livre ».

temps, forcée dans sa timidité par la réalité aspirante de l'époque, elle laisse certains livres vivre dans l'éphémère, la publicité, le bruit, le spectacle, tout en ayant honte. Ces livres, elle en profite, mais ne les aime pas. Avec mauvaise conscience, on fera tout pour vendre la vie de Cassius Clay ; avec bonne conscience, on ne fera rien pour vendre Michel Deguy. On laisse agir la facilité.

Alors que les mondes du cinéma, du disque, se sont adaptés à cette large circulation ouverte, à cette consommation, potlach de plaisir, à ce grand air de la publicité, le monde du livre, peureux, vit coincé entre un rêve de feutré vieillot et un besoin d'éclatement. A cette position hésitante, on donne souvent comme alibi, une critique, un refus du système économique actuel ! Discours d'éditeur : moi, je ne veux pas gagner de l'argent, mais faire de la culture ; tant mieux (ou tant pis) si cette culture devient de l'argent. Mais ce discours oublie que cette culture n'a pas à se changer en argent, elle l'est déjà, « argent », monnaie, objet d'échange, marchandise valeureuse. Le thème de la « culture » comme valeur plus ou moins importante que l'argent, en tout cas différente, est un des thèmes les plus rabachés de la gauche réformiste. Et la position hésitante des éditeurs ressemble à cette gauche réformiste qui a toujours eu peur de voir le capitalisme en face, et surtout de comprendre qu'elle est dedans. L'édition n'est pas encore entrée dans l'âge industriel par peur de la vérité (l'être-là, je n'ai pas dit la justesse) de ce système.

Cette hésitation morale ne signifie que l'alibi d'un manque. Car elle aurait pu penser, l'édition, qu'avant de fabriquer un ailleurs de l'industrie, il fallait d'abord y passer. Refuser quelque chose n'est pas se traîner derrière, mais le combattre par devant : le *devancer* (Comment ? Où ?).

Victime de cette idéologie d'une littérature distincte de l'économie politique, le monde du livre la reconduit bien dans la tête de ses fidèles, en établissant, en son sein, un mur, une séparation infranchissable entre le « commercial » et le « littéraire ». Ce qui fait de l'édition un univers de silence. Personne, sauf quelques comptables, ne saura les chiffres réels de vente ! Ou ces chiffres sont tus, ou alors ils n'apparaissent que diminués (pour les auteurs) ou gonflés (pour la presse), ce qui est une autre façon de les taire. Et en tout cas, ils vivent mythiquement comme « Etres Invisibles » dont on ne peut savoir que des apparences trompeuses ! L'édition, qui vit du discours, s'épuise elle-même dans un non-dit constant. Ce silence, ces murs de honte viennent bien d'une gêne, ce « vendre » posé comme honteuse nécessité, parce qu'écrire n'est pas vendre, parce que vendre n'est pas contenu dans écrire. Parce que l'impact, l'échange possible avec le lecteur (qui *d'abord* paie) reste idéologiquement séparé de l'écriture, et même de l'édition. Tout se passe comme si, une fois le livre écrit, et même une fois le livre imprimé, auteur et éditeur se demandaient : et maintenant qu'est-ce que j'en fait ? Honte névrotique du livre de sortir de lui-même.

II

Cette peur du « vendre », qui va de pair avec son souterrain désir, cette mauvaise conscience d'avoir vendu, bouillonnent tellement dans l'inconscient de l'écrivain qu'il veut donc tout ignorer du marché du livre. Ce qui se passe après l'acceptation de mon livre, l'impression, la distribution, les librairies : je ne veux pas le savoir. Qui achètera mes livres, combien gagnent les libraires, comment sont distribués les livres, combien coûte leur fabrication ? : je ne veux pas le savoir. Après l'écriture, il se passe *autre chose.* Le texte va vivre dans un marché inconnu — un étrange réel — dont on a que des échos, petits sous qui tombent d'on ne sait où ?

Je pense, au contraire, que l'écriture-même d'un livre continue après la fin de la fabrication du manuscrit. Ecrire, c'est déjà changer des sens (*). Et ça continue *après.* Quand un texte est retranscrit en imprimerie, il change ; l'auteur ne le reconnaît plus : il a l'impression d'une traduction, d'une étrangeté. Et le livre vendu change encore. Au fur et à mesure des lectures, des critiques, des significations que soudain, dans la réalité, dans l'échange, il prend, l'auteur ne le reconnaît plus. Etrangeté et sentiment de *dépossession.*

Mais cette dépossession encore faut-il la vivre, et ne pas se réfugier derrière soi, derrière ce qu'on aurait voulu dire ; encore faut-il accepter l'étrangeté

(*) Voir : Est Ouest Berlin Ecrivain ».

de ce qu'on aurait voulu être. L'accepter, l'assumer, la *voir,* et surtout y participer.

Participer réellement à l'ablation chirurgicale sans anesthésie qu'est soudain soi imprimé (hors de soi !) et surtout vendu (encore plus hors de soi !). Participer au propre éclatement de son intimité écrite. Alors, travailler dans l'édition ?

Beaucoup d'écrivains travaillent déjà dans l'édition. Ils le font souvent en tant que directeurs de collections, directeurs littéraires. Une certaine façon de travailler dans l'édition sans le faire réellement. Car le directeur littéraire reste dans la littérature. C'est un homme de couloir, entre l'écriture et la vente. Son rôle : lire des manuscrits, découvrir des auteurs, rassurer des angoisses, monter et unifier des collections gardiennes du « ton de la maison », écouter des auteurs. Un écrivain qu'on lit est souvent quelqu'un qu'on n'écoute pas ne pas pouvoir parler. C'est le directeur littéraire qu'on réveille à trois heures du matin parce qu'on ne peut pas finir une phrase. Je n'exagère pas. Confident du héros dans une tragédie trop classique, il joue aussi (*) le rôle de son avocat. Mais aussi le rôle de l'avocat de l'éditeur. Il défend le manuscrit qu'il aime devant le comité de lecture, se heurte sans cesse aux impératifs techniques et économiques (programmes chargés, budgets, prévisions, orientations, etc.). Mais en même temps, défend l'éditeur devant son client : « vous savez combien j'aime votre texte, mais le « commercial » ne veut pas... ».

(*) Voir : « Le manuscrit refusé au lecteur ».

Le commercial c'est *l'autre*. Ce double jeu constant de ces gens de couloir leur donne une jouissance.

Ils restent entre deux temps (des intermédiaires !). Entre le temps de l'écriture, temps coupé, temps manqué, fantasmement clos sur lui-même dans un aveuglement hyper-sensible, et le temps du vendre, celui où le livre devient soudain un objet dans l'échange du réel. Chien de garde de l'histoire de la littérature, le directeur littéraire, comme l'auteur, ne va pas jusqu'au lecteur. Dans ce fameux western de l'édition qui peut maintenant se dérouler, la scène et sa mythologie étant posées, le directeur de collection « chasseur de primes » qui livre, moyennant finances, le coupable à la justice, serait descendu par deux balles dans le ventre, l'une tirée du colt de l'écrivain, l'autre du fusil de l'éditeur...

Dans l'Ouest, récupérant leur révolver, il faut que les écrivains deviennent anti-écrivain. Je dois vraiment détester les écrivains, à ainsi les retourner, les brusquer, les casser ! Ecrire, actuellement, c'est avoir peur de se montrer.

Eh bien, que l'écrivain se montre, qu'il enlève de ses yeux ces deux mains qui le masquent ! Que l'anti-écrivain prenne en charge jusqu'au bout l'écriture de son livre. Qu'il devienne son propre éditeur, qu'il n'aille pas demander de l'argent à Papa-éditeur, qu'il trouve de l'argent (car, eh oui, ça coûte : le savoir, le faire), en organisant une souscription, en fondant une coopérative d'auteurs ou en tapant (ou braquant) les banques (etc., etc.), qu'il aille trouver un imprimeur, qu'il s'aperçoive soudain des exigences techniques que réclame son écriture, qu'il saisisse son manuscrit lui échappant, que l'étrangeté de l'impression devienne productrice d'une découverte de la vie intérieure de son texte (j'invective : je bande), qu'il se heurte à une matière qui n'est pas seulement celle du langage, qu'enfin il rature sa peur magique de vendre en devenant son propre marchand, en continuant l'écriture, toujours, allant dans les librairies, chez les gens, savoir *qui* l'achète, savoir soudain la transformation de son livre, par l'achat, par la lecture, la déformation incessante qui transforme le trop sage travail. Qu'ainsi il dépasse les contradictions de l'actuelle édition perdue entre le grand air et la timidité de l'ouvrage intime. Devançant l'industrie, la *traversant,* bouleversant le petit jeu réduit de la bonne ou mauvaise conscience (Ecrire / Vendre), allant au monde, il devient un marginal efficace, il s'actualise comme marginal. Il rompt surtout — et par cela même son acte est révolutionnaire *dans* le système — avec une certaine division du travail, s'investissant dans le total travail du cheminement de son discours, non pas en réalisant une crétine synthèse de soi, mais bien en s'émiettant, s'éclatant dans une solidité quotidienne.

Bref, qu'il devienne « désespérado », ainsi on appelle dans la mythologie du western, celui qui fuit sur les routes, généralement pris en chasse par toutes les polices et shériffs possibles, vivant de rapines, mais seul, organisant lui-même, dans un monde défini comme hostile, sa propre économie, sa propre loi.

Cette pratique passionnée d'aller voir un imprimeur, de porter soi-même les livres dans les librairies, ou *ailleurs,* et d'organiser soi-même sa vente, on la considère généralement comme celle des « mauvais écrivains », des « ringards », qui, refusés par tout le corps éditorial, se réfugient dans un pis-aller. Or, justement, ne faut-il pas inverser le courant, et considérer cela comme un mieux-aller ! L'écrivain, même déjà célèbre, même conscient qu'il est dans le ton de l'histoire, devrait aller rejoindre la pratique de ceux qui ne sont pas dans ce ton-là (ça le ferait réfléchir sur la relativité de ce ton), la pratique des *pauvres de l'édition.* Cette pratique, réservée jusqu'ici aux rejetés, doit s'étendre à ceux qui volontairement se rejettent. Je n'ai jamais compris pourquoi certains auteurs vendeurs et... riches (comme Bazin, Simenon, ou Sartre) ne s'éditaient pas eux-mêmes, ne devenaient pas « désespérados », n'organisaient pas leur propre distribution, ne revenaient pas au sol, dans une aventure un peu manuelle, comme marchand « forain » de leur propre écriture. Sont-ils trop endormis par la routine tranquille de l'édition ? Pourtant ils seraient peut-être moins tristes.

Même s'il meurt à la fin, le désespérado n'est jamais triste ; il va simplement, avec optimisme, jusqu'au bout de son désespoir et de sa mort : il traverse et contourne un système de valeur. S'éditer soi-même, écrire son livre jusqu'au bout, participe de la même sanglante opération : faire une *scandaleuse traversée* du système éditorial capitaliste (*), en suivant son rythme et son économie (comment ici, maintenant, faire autrement ?) mais hors de lui,

(*) Voir : « Tombeau pour un libraire inconnu ».

hors de ses structures préparées, en le perçant sur son propre terrain, avec ses mêmes armes. Vendre tout seul son écriture ! Hors de l'hystérique relation écrivain/éditeur qui reconduit la nécessité de ce dilemne : ou vendre et ne rester que commercial, ou ne pas vendre et être « grand ».

S'éditer soi-même, ce n'est pas nouveau. Au 18e et au 19e ce n'était pas exceptionnel : Diderot, Balzac, Dostoïevsky... pour des raisons différentes, mais l'acte reste le même ! Aujourd'hui, le marché du livre devenant de plus en plus complexe, ce qui permet aux divers trusts de mieux le posséder, c'est un « grand rire scandaleux » que de passer à travers l'écheveau qui coupe l'écrivain de son vendre. En Allemagne, en Amérique, beaucoup d'anti-écrivains se sont séparés du divan qui leur était proposé, s'éditant seuls ou en coopérative d'auteurs ; en France, le mouvement est plus timide (on peut citer Jean Guenot, Claire Bretecher, Jean-Edern Hallier, par exemple, ils ne sont pas les seuls).

Mais l'important serait que cette pratique d'écrire *et* de vendre se sente, *aussi,* dans l'écriture. Jean-Michel Michelena (1975 : « C'est une grande erreur que d'avoir des ancêtres forbans » ; 1976 : « Du dépeçage comme de l'un des beaux arts ») qui aurait pu être accepté par n'importe quel comité de lecture (il est dans un des tons de l'avant-garde officielle), qui fut salué par toute la critique institutionalisée (« Le Monde », « Les Nouvelles Littéraires », « Magazine Littéraire », etc.) et par Roland Barthes (professeur officiant s'il en est), s'est imprimé lui-même, diffusé lui-même. Et, à la limite, ce fut pour lui une nécessité, la preuve de son travail ; car ses textes n'existent que par leurs typographies qu'il devait alors, de façon urgente, contrôler ou produire lui-même. En effet, on ne demande jamais aux écrivains (qui n'y connaissent rien, d'ailleurs) leur avis sur la typographie de leur livre. Trop souvent la forme du caractère d'imprimerie contredit leur souffle. Du moins on ne se pose pas la question du rapport entre le caractère d'imprimerie et le caractère de l'écrit.

Ce rapport se devait d'être évident chez Michelena. Dans « C'est une grave erreur que d'avoir des ancêtres forbans », Jean-Michel Michelena « rend public » et met en scène des poèmes de jeunesse : Michelena regarde et juge Michelena 1965. Le texte s'étoile comme des graffiti sur un mur blanc. Ne reculant devant aucun plaisir, l'auteur présente trois impressions différentes. En caractère gras, l'œil adulte (?) de 1976 regarde ironiquement les « poèmes jeunes » (... « Je n'avais pas le sentiment de la mesure »... « Aussi bien aurais-je donné des canons à la beauté ; encore imberbe je le fis... ») ; en caractères romains et conventionnels, quelques petits bouts de ces traces des rêves d'avant 1968 (... « Je riais du merle mort, je craignais les guêpes »...) ; en italique, ce qui se trouve entre l'ancien et le nouveau : des ricanements pervers (... « ta blouse noire bien boutonnée d'écolier sage ! Et tes sabots d'hiver »...). Michelena s'est investi, totalement, dans la *mise en scène* d'anciens « lieux dits poétiques » et dans leur *mise en vente* (choix des textes, des lieux de vente, et, plus ou moins, du public) ; ces mises en vente et en scène participent de la même opération. J'ajoute : il est rentré dans ses frais.

Chevauchant dans la poussière, cigare au bec, l'anti-écrivain met en scène l'écriture jusqu'au lecteur !

Par cet acte, enfin, il se retire de la magie du nom de l'éditeur, qui cautionnerait, parrainerait l'œuvre (Ah ! avoir « Gallimard », « Grasset » avec son propre nom ! D'ailleurs, on dit « *sous* couverture » Gallimard ou Grasset). Le nom de l'éditeur fonctionne magiquement comme valorisation du nom de l'auteur. Il est significatif que la plupart des maisons d'édition portent, comme nom, celui de leur propriétaire (Gallimard, Pauvert, Maspéro, Laffont, Christian Bourgeois, etc.) ou de feu-leur-propriétaire (Grasset, Fayard, Julliard, etc.). Accolé au nom de l'auteur, très souvent moins connu, le nom de l'éditeur *rend connu* celui de l'écrivain. Mythologie de l'écrivain : les mots de son *nom* comme seul visage visible (peur de la photo, peur toujours de se *montrer*). Le nom de l'éditeur est le double du nom de l'auteur ; il redouble son importance. Par une opération magique, l'écrivain devient plus grand écrivain chez un grand éditeur qui prend le relais de son nom, *l'enflant*. Mais c'est un phénomène relativement récent, que cette influence du nom de l'éditeur, renforçant et signifiant le « grand » de l'écrivain. Qui, dans le public, se souvient du nom de l'éditeur de Stendhal ? Par contre, Malraux c'est indiscutablement la N.R.F., et cet individu restera marqué, *souligné* par ça dans l'histoire de la littérature.

Il est temps d'arrêter cette relation hystérique.

Les critiques littéraires (moins ces derniers temps, oui) et surtout les jurés des grands prix littéraires sont souvent coupables d'entretenir cette magie, en privilégiant beaucoup de livres à cause du nom de l'éditeur. Et beaucoup de libraires aussi, qui ne promotionnent vraiment un livre (piles, conseils aux lecteurs) que s'il sort d'une « grande écurie » ou d'un « grand vignoble ».

III

Tous les éditeurs n'ont pas un nom magique, ne jouent pas au chapeau haut de forme d'où sortent des lapins blancs, écrivains valorisés mais abêtis. Depuis 10 ans, en France, une symptomatique poussée de petits éditeurs s'annonce sur le western : Le Sagittaire, J.-P. Ramsey, J.-C. Lattès, l'Athanor, Entente, Les Editions de la Différence, Phébus, Orban, Authier, Hallier, Des Femmes, Federop, La Pensée Sauvage, La Librairie Parallèle, j'en oublie ; pionniers dans leur caravane, ils essaient de rejoindre les chercheurs d'or, espérant que le filon ne se tarit pas. L'or des mots se croit inépuisable ! j'en doute...

Au 17e siècle, l'éditeur était d'abord libraire, ou d'abord imprimeur, ou parfois les deux ; au 18e siècle aussi. (Etre anti-éditeur ou anti-écrivain, est-ce retrouver cette magique unité perdue, recerner le lieu du travail ?) Puis, lentement, les divisions s'opèrent : Editeur/Imprimeur/Distributeur/Libraire, pendant que les marchés s'étendent. Chacun devient un *intermédiaire* d'un ensemble de plus en plus complexe. Alors vers le milieu du 20e siècle, les spécialités s'émiettant de plus en plus, on assiste à des regroupements pour mieux cerner le marché. S'organisent financièrement des groupes compacts, *célèbres,* dominés par un distributeur commun : Groupe Hachette (Grasset, Fayard, Albin Michel, Stock), Groupe Gallimard-Sodis (Gallimard, Editions de Minuit, Maspéro, Des Femmes, etc.), Groupe Presse de la Cité (Julliard, Christian Bougois, 10/18, etc.). Face à ces organismes compacts, l'écrivain se sent petit. Là, effectivement, le marché lui échappe. Et c'est exactement ce qu'inconsciemment, dans son fantasme d'écrivain, il désire. Bébé materné par plus grand que lui, l'important travail formel effectué sur l'écriture pendant ces dernières années ne pouvait se machiner qu'à *l'abri.* Dans *l'abri* des grandes structures.

Mais la vieille taupe avance. Les grands blocs, qui avaient aussi leur gueguerre froide (Gallimard contre Hachette !), s'effritent. Se creusent des tiers-mondes de l'édition qui traversent les Blocs. Contre ces monopoles : une armée de petits éditeurs, la guerilla urbaine dans le monde des lettres. La libre ct rapacc concurrence capitaliste se réactive. La différence entre les petits et les grands ? Olivier Orban : « *C'est l'enthousiasme. On se démène, on se défonce pour un livre. Et ça, dans les grosses boîtes, ça c'est perdu. Ici, on bavarde, on s'amuse, on sent une liberté qu'il n'y a pas, en tout cas qu'on ne sent pas, chez les anciens* » (cité par Jean-Marc Théolleyre dans son article sur « la jeune édition » — « Le Monde », du 25 février 1977). Ce vœu pieu d'aller contre la *rétention à vendre* des grands éditeurs n'est pas la seule raison de l'actuelle profusion de petits éditeurs. On verra plus tard. Dans une autre *mesure.*

Reste l'urgence et un autre vœu : que les petits éditeurs publient *autre chose* que les grands (*). Qu'ils ne jouent pas aux Grands. Qu'ils n'aient pas de complexes. Et ça, ce n'est pas du tout évident. La plupart des petits éditeurs singent les grands éditeurs, essayent de faire comme eux, de publier des choses du même ton, du même mode d'écriture, de lecture... se retrouvent dans les mêmes lieux de distribution, sous les mêmes distributeurs, sous les mêmes trusts (Orban, Authier, Hallier distribués par Hachette !). La petite édition devrait amener une nouvelle pratique de l'écriture et de la lecture.

Oui, mais laquelle ? Peut-être l'envers du discours officiel, classique, de droite, de gauche, et d'avant-garde. Et les petites maisons d'éditions devraient rejoindre la folie amusée du désespérado. Elles devraient être les « saloons » où ils se réunissent quelquefois, pendant qu'attendent leurs chevaux remplis de livres. Mais les petites maisons d'éditions rêvent toutes de publier de grands écrivains.

Qu'est-ce qu'un grand écrivain ? Qu'est-ce qui, dans l'idéologie dominante, ici, maintenant, donne le signe d'un grand écrivain ? D'abord, bien sûr, un ton, un « écrit », une logique interne du discours (même si cette logique est décomposée). Mais aussi une sorte de distance (ce n'est pas pour rien que

---

(*) Voir : « Le oui-livre, le non-livre et le trop-de-livre ».

l'imagerie populaire parle d'une « tour d'ivoire », d'un « piedestal » de l'écrivain), de scepticisme, d'intelligence (de « vouloir paraître intelligent ») qui reste une certaine façon de ne pas s'enfoncer *dans,* mais de s'effacer derrière une pluralité de sens, non alors posée comme politiquement agissante, mais comme esthétisme (qu'on récuse, mais reconduit par dessous). *Le grand écrivain est celui qui ne dit pas trop,* qui se dose. Le Grand écrivain français reste imprégné de la littérature du grand siècle : une certaine « ordonnance » de la langue. Ou alors, il se réfugiera, plus moderniste, dans le « laisser-écrire », ou le délire, ce qui n'est qu'une autre façon de garder ses distances. De toute façon, il reste fasciné par son propre discours (il aimera son écriture, sa plume, ou sa machine à écrire). Il ne se montre pas. Il répugne à être homme public : seuls sa voix, ses mots restent publics. Il reste derrière son discours, son chien de garde. L'une de ses grandes armes sera, par exemple, le paradoxe (grand refuge que le paradoxe !). La majeure partie de la pensée écrite actuelle joue de ce tic. Quand il pleut, le grand écrivain ou le grand penseur dira : il fait beau aujourd'hui. Puis content, fasciné par son dessin sur le papier, il légitimera son discours : pourquoi dire la pluie laide et le soleil beau ? Il aura raison (d'ailleurs pour dire les vérités, il suffit de dire le contraire de ce qu'on raconte habituellement aux enfants). Mais son cheminement pour avoir raison est celui d'un seigneur : une étrangeté recherchée.

Et il n'ira pas plus loin dans cette étrangeté : il ne la vendra pas (ne voudra pas la voir se vendre) :

il ne rendra pas concrètement étrangère sa propre étrangeté. Elégant, il est le schérif de ce Far-West. Celui qui suit la loi ; qui reste dans la loi (ou pour, ou contre, quelquefois). Jamais hors-la-loi ! Dosant sa langue, la pondérant (s'il invective, c'est d'en haut), le grand écrivain ne peut aller jusqu' « au bout de son discours ». Ne peut arriver jusqu'au lecteur, jusqu'au choc de son texte dans le monde. Il laisse donc ce soin à des organismes distincts de lui. Le schérif ne peut devenir désespérado. Le schérif (dans les bons westerns) refuse de se laisser acheter, de se voir vendu. On sait qu'en fait il l'est ; vendu à la loi.

Mais ce qu'on ne sait pas, c'est que les shériffs se battent entre eux. La loi, les banques du Far-West, pour régner, doivent diviser les gardiens de la loi entre eux. Une police divisée en plusieurs clans qui se haïssent est une police qui multiplie son efficacité. Notre ministre de l'intérieur le sait, qui alimente la concurrence et le mépris entre les « agents », les C.R.S. et la gendarmerie. Ces écrivains si distants, uniquement fascinés de leurs propres jeux de mots, ces gens si distraits, qui oublient que leurs textes veulent vivre leur argent, ces demi-cervelles doivent mettre quelque part l'afflux de sang en trop. Ne voulant voir les autres (les lecteurs), ils se visitent entre eux, et essaient de s'éliminer. Paradoxalement, dans ce western, les bagarres les plus dures s'éclatent de shériff à shériff. Chacun contre son miroir (l'autre écrivain). Mais, dans ce monde de la page blanche, les balles ne peuvent être que blanches, et s'appellent petits potins : André Gluksmann couche avec Madame Soleil, faites passer ; Maurice Clavel a deux cents millions en Suisse, faites passer ; Giscard est en psychanalyse chez Lacan, faites passer ; c'est Coupry qui a écrit la moitié des bouquins de Pierre-Jean Rémy, faites passer ; Philippe Sollers est le demi-frère de Poniatowski, faites passer. Entre les éclats de verre et les balles croisées, dans cette grande pétarade haineuse et fraternelle, scandaleusement, le désespérado marche lentement, traversant ces bruits pour rien.

Mais si un grand écrivain, tout à coup, se publie chez un petit éditeur, il jette son étoile d'or dans les cactus, il fait un acte politique qui devrait l'amener à un questionnement sur cette distance, cette réserve, ce *non-trop-dit* de la « Grande littérature » (reconduite par la « grande édition »). Car il se situe plus près du vendre. Pour une petite entreprise, l'impression et la distribution d'un livre signifie un engagement financier important : la nécessité de vendre est présente, alors qu'elle est diffuse dans les grandes entreprises. Si écrire est toujours dangereux, publier, là, devient aussi dangereux, et *insécurisant*. Et Julien Gracq devient moins « grand écrivain » et plus révolutionnaire qu'il en a l'air, lui qui se « vend » chez José Corti.

IV

Mais il y a une différence nette entre : se trouver (de par des combinaisons historiques) dans l'état d'écrivain tel que le définit l'histoire actuelle de la littérature, puis vouloir, par une « prise d'inconscience », déraciner sa pratique de l'abri éditorial qui la définit, et : ne pas arriver à être écrivain, demeurer refusé par l'histoire de la littérature, puis désirer devenir pseudo-écrivain, se *jouer le jeu* de l'édition traditionnelle.

Le talent, le génie, en littérature, ça veut dire être accepté, cautionné par des comités de lecture (*). Mais si on n'a pas appris à passer des examens, si on est suffisamment nul pour torcher des inepties comme « je t'aime, ma fontaine, oh toi qui es si pure », on n'est pas écrivain. Mais on veut quand même être édité. Et par un éditeur. Alors s'ouvrent devant vous de curieuses officines : les boîtes d'édition à compte d'auteur. La plus célèbre et la plus sordide s'appelle « La Pensée Universelle », dirigée par Alain Moreau. Qu'est-ce qui se passe à l'intérieur de ces boîtes ? Un mime sinistre. De pseudo-éditeurs vont demander aux auteurs de payer tous les frais de publication, plus un pourcentage substantiel. Mais pour se justifier, ils vont mimer, devant ces « non-écrivains », les gestes et les coutumes d'un éditeur normal. Formule d'acceptation du genre « votre manuscrit a beaucoup intéressé notre comité de lecture » (il n'existe pas : puisque l'auteur paie, tout manuscrit est immédiatement accepté) ; contrat avec droit de préférence, « passe » (1), intention de service de presse

(*) Voir : « Le manuscrit refusé aux lecteurs ».

(1) Droit de passe : 10 % des droits sur les livres vendus ne sont pas payés à l'auteur pour, paraît-il, rembourser l'éditeur des services de presse et des « défraîchis ». Voir « Appendice III ».

(qui, publié à » compte d'auteur », aura droit à un article ?) ; intention de distribution (*inexistante :* les librairies ont assez de retours avec les autres livres pour s'encombrer des « évidents sans talent »), etc.

L'édition à compte d'auteur vend cher une illusion, un miroir aux alouettes ; l'illusion d'être édité. L'illusion de voir son nom sur la couverture ; l'illusion de croire qu'on va être lu. On attrape toujours les mouches avec du vinaigre. L'édition à compte d'auteur rentre dans la même mystification que l'édition courante, mais la redouble, c'est une mystification mystifiée, tandis que s'éditer soi-même est une mystification démystifiée. Et ça prouve bien, par l'absurde, le sentiment commun qu'un livre non-édité n'existe pas. Mais de là à lui donner une existence nulle...

S'éditer soi-même ou fonder des coopératives d'auteurs s'éditant mutuellement, oui. Mais rentrer dans un simulacre, un erzatz, non.

Si l'auteur paie lui-même son édition, quel besoin a-t-il de passer par quelqu'un qui lui donne un « mime » de l'édition à compte d'éditeur ? Pourquoi joue-t-il ce jeu ? Besoin d'un cadre, d'une institution, d'un père. Et l'éternel refusé (semblable au juif errant) est fier de s'en trouver un, de père, ayant « pognon sur rue ».

Le peureux, qui se contente de ce simulacre, est un « pied tendre » ridicule. Ainsi appelait-on les étrangers qui débarquaient, sans armes, dans l'Ouest ! Le grand combat — le grand duel final — se jouera entre le shériff et le désespérado. Le « pied tendre » n'aura droit qu'aux balles perdues...

Ni rentrer dans le mythe du « grand écrivain », qui vend et ne veut pas se savoir vendre, ni dans la pauvre réalité du pseudo-écrivain, mais *traverser*, devancer le système, devenir anti-écrivain, producteur et vendeur. Mais n'est-ce pas encore mystifier ?, comme le « désespérado » est un mythe bien huilé des westerns de l'impérialisme américain...

Brandir le drapeau de l'anti-écrivain, se casser, arrêter une sorte de tranquillité maniaque, n'est-ce pas d'abord *fuir l'écriture*, tant fait peur ce plaisir ?

V

Extraits d'un rapport légèrement secret du syndicat des grands éditeurs

(...) Camarades. Depuis quelques temps, nous nous sommes inquiétés d'un mouvement de petits éditeurs, qui ne voulaient pas entrer dans notre jeu de la concurrence organisée, qui ne voulaient pas « devenir grands » ; nous nous sommes surtout effrayés d'un mouvement d'écrivains qui soudain désiraient devenir conscients et responsables de la réalité économique d'un livre, qui ne voulaient plus être des génies rêveurs dont nous nous chargerions des intérêts ; qui, encore mieux, devenaient éditeurs eux-mêmes, vendaient leurs livres eux-mêmes, vagabonds sur les routes. Si ce mouvement prenait de l'ampleur, si beaucoup d'écrivains qui rapportent, jouaient, sous prétexte d'un boy-scoutisme prolétarien, ce petit jeu-là, où irions-nous planter nos navets ? Mais nous avons grand tort de nous affoler. Nous devons nous servir de ça. Et j'irai même plus loin : *nous devons aider ces « anti-écrivains », ces « anti-éditeurs »* et, pourquoi pas, les subventionner, les promotionner. Pour garder sur eux un certain contrôle, nous devons *les contrôler nous échappant.* L'intérêt du capital est, en fait, d'encourager *la marginalité en tant que marginalité.* Rien ne serait plus terrible qu'une marginalité latente, intégrée dans nos rouages ; quelque chose qui ne se dirait pas. Nous n'avons pas créé les « analyses » pour rien ! Cette marginalité, nous devons la produire, ou du moins la laisser faire, ce qui revient au même. Organisons — même indirectement — notre ailleurs, pour mieux nous centrer, nous, officiels d'une culture et d'un commerce. Nous renforcerons notre situation. De plus, encourageant la marginalité (les « anti-écrivains »), nous organisons notre opposition nécessaire, notre trop-plein, nous organisons nous-mêmes la brêche où s'enfileront ouvertement et démocratiquement toutes les haines, les rancœurs, les critiques accumulées et qu'il est toujours dangereux, pour le système capitaliste, de ne pas faire sortir quelque part. Si quelqu'un critique notre système éditorial, notre façon élitiste et sélectionnante de promotionner les livres, nous lui désignerons alors cet ailleurs existant concrètement, où il peut ne pas jouer le jeu. Comme la porte de sortie existe, les claustrophobes entreront. Nous, nous continuons notre jeu du label de qualité, notre organisation financière structurée. Enfin, nous avons besoin, nous le savons, de mouvements littéraires et même anti-littéraires. Ces « anti-écrivains » qui, par divers moyens, refusent l'édition traditionnelle, la « grande édition », nous devons faire en sorte qu'ils deviennent célèbres, que ce soit un mouvement actif et puissant dans les médias de masse. Ils doivent, dans un premier temps, nous échapper (je le répète : nous devons les contrôler nous échappant, faire en sorte qu'ils nous échappent). Plus tard, quand ils seront fatigués d'écrire *et* de vendre, quand ces nomades de la culture seront célèbres, ils nous reviendront comme marchandises, à nous ; et nous pourrons continuer à contrôler l'écriture, et à contrôler la vente, en les différenciant. Vivent les « anti-écrivains » (...).

3

A QUOI PEUT BIEN SERVIR LA CRITIQUE LITTÉRAIRE DANS LES QUOTIDIENS ET LES HEBDOMADAIRES ?

(pour une voix de contralto)

I

Le premier « critique » et sans doute le premier journaliste (il est idiot, mais toujours amusant et intéressant d'envisager l'hypothèse d'un « premier quelque chose »), fut sans doute ce primitif mythique, qui, devant le fabricant d'un assemblage d'une signification encore à trouver, cria aux autres : « Venez voir ! ». Ils vinrent et virent. Ce cri, « venez voir ! », objective deux relations aiguës. Celui qui le crie prend dans une certaine mesure la place du fabricant ; trop intégré, trop compromis dans son travail, ce fabricant avait besoin de se distancier, de se faire autre, pour amener le regard (le processus de lente signification) sur son assemblage nouveau : il s'est bien fait autre, c'est un *autre* qui crie à sa place : « venez voir ! ». Ils vinrent et virent, les autres, mais celui qui a attiré leur attention est aussi celui qui les unit au nouvel objet qu'ils vont alors utiliser, signifier ; il a aussi pris leur place pendant quelques instants.

Ce primitif mythique est le lieu où s'effectue la rencontre, lieu tragique, éphémère porte-parole de deux forces, le fabricant et les utilisateurs, pour en proposer l'intime liaison qui le balayera quand elle sera réalisée.

Maintenant, quelques banalités de base : depuis très longtemps, quand un livre paraît, de plus ou moins spécialistes font des analyses, des « compte-rendus », des « notes », des articles, des « venez voir, c'est génial » des « venez voir, c'est pas mal », des « venez voir, c'est idiot », en tout cas des « venez voir » qui attrapent l'œuvre d'une main et le public de l'autre. On sait, si on fut comme moi à l'école, la fameuse critique que monsieur de Balzac fit à monsieur de Stendhal pour son dernier roman « la Chartreuse de Parme ». Aujourd'hui ce phénomène va croissant. Incalculable, le nombre de critiques littéraires, pseudo-critiques littéraires, apprentis critiques ou pigistes de tous poils. Journaux, radios et télévisions trouvent des lieux ou des moments où s'aligneront des « venez voir » pour les nouveaux films, les nouveaux romans, essais, les nouvelles expositions de peinture et pièces de théâtre.

Dès qu'un livre paraît, des attachés de presse agrippent les critiques par leur col roulé, les secouent, les supplient d'en parler. Actives et hâtives fourmis, elles aiguillent tel ouvrage vers la table de Bertrand Poirot-Delpech, tel autre vers les studios de Philippe Bouvard. Elles tirent (ou croient tirer) les ficelles, manipulent d'étranges complots (tel le fameux retour d'ascenseur : Dupont a parlé du livre de Durand, donc Durand est obligé de parler du livre de Dupont), organisent des pièges, des stratégies plus complexes que les plus fins coups d'échec, tout ça pour qu'on en parle, pour qu'*ils* (la Presse, les Journaux, l'Information) en parlent, disent « venez-voir ! ». Ce même cri, toujours ce même cri !

Intéressant : j'ai dit « pour qu'*ils* en parlent »... M'a toujours frappé l'emploi populaire du mot *ils*.

« *Ils* l'ont dit au poste», « *Ils* nous ont encore augmenté les impôts ». Ils, c'est le Pouvoir, c'est l'Information. Ce sont les Dieux qui nous gouvernent ; Dieux matériels, non venus d'ailleurs, mais bien plus mythiques encore parce que venus de parmi nous.

La Critique : le pouvoir ? Il est dans nos lieux communs (cette mythologie qui martèle nos respirations) de penser que le critique littéraire serait un professionnel, l'écrivain non. Critique littéraire serait un métier, écrivain non. Et justement, pour accentuer cette mythologie se souligne un fait : le critique littéraire est payé comme un professionnel, au mois, ou à la « pige », par son journal, mais selon des tarifs précis. L'écrivain, lui, est payé au vague pourcentage sur les ventes. Alors, le mythe s'envenime : le critique possède un savoir, une connaissance, un métier ; l'écrivain, au contraire, est « un artiste », « génial », « inspiré », qui « fait tout d'instinct », peut produire « le meilleur comme le pire »... Passé par le tamis éditorial, très sévère (*), mais lui aussi composé d' « artistes », le manuscrit écrit par un irresponsable aurait besoin d'être ensuite jugé par un professionnel, pour renseigner et rassurer le lecteur, qui paie, lui, et désire donc une *bonne* marchandise. La publication d'un livre ne serait qu'un droit à passer d'autres examens. Si le fait d'être édité prouve que c'est écrit, le critique semble décider si c'est bien ou mal écrit. Et comme pour l'internat de Médecine, les jurys et les facultés ont plus ou moins de valeur. Etre « reçu » par

(*) Voir : Le manuscrit refusé au lecteur ».

Bertrand Poirot-Delpech a plus de valeur qu'être reçu par le critique littéraire de « Nice-Matin ». Professionnel, juge et professeur, cette vision toute magique et naïve du critique fonctionne dans les familles, mais, allons plus haut, ou plus bas : *continuons à peler cet oignon.*

L'édition actuelle publie trop de livres (*), poussée par trois impératifs : produire, publier, vendre. Produire : nécessité de fabriquer des objets pour les mettre sur le marché, et obtenir un roulement de trésorerie. Publier (alibi ou raison valable du « produire ») : joie et désir intense de découvrir et d'enfiler, dans la circulation marchande de la connaissance et du plaisir, de nouveaux textes, de nouvelles idées, de nouvelles folies. Vendre : nécessité de gagner sa vie en obligeant le lecteur à acheter le plus d'exemplaires de livres possibles. Produire et publier ne sont pas contradictoires entre eux. Mais publier et produire sont contradictoires avec vendre. Produire et publier entraînent une inflation de titres. Tous ne peuvent être lus. Tous ne peuvent se vendre. Donc, pour gagner sa vie et continuer à publier, il faut faire en sorte de vendre énormément certains titres. Il faut donc canaliser le public vers certains titres qui assureront la bonne « marche du marché ».

Et, consciemment ou inconsciemment, le critique littéraire participe à ce jeu de la sélection après publication. Dans cette orientation du lecteur vers certains titres, rentrent évidemment d'autres appels

(*) Voir : « Le oui-livre, le non-livre et le trop-livres ».

que ceux des critiques littéraires : les modes, les phénomènes sociaux, les condensations, les jeux idéologiques des pouvoirs. Mais la critique reste un important stimulus dans cette nécessité de *faire* choisir. Allons *plus loin :* objectivement, dans la logique interne du marché, les maisons d'édition elles-mêmes poussent, animent l'existence de critiques littéraires, pour qu'ils promotionnent certains titres. Et pour que, faisant ce geste, ils laissent dans l'ombre d'autres titres, et n'attirent l'attention que sur les sélectionnés ; le critique littéraire qui parle d'un livre, en même temps ne parle pas d'un autre, ce qui redouble l'importance du premier. Obéissants, les critiques (à part beaucoup de rares exceptions) se jettent tous sur les mêmes titres, et giclent bien l'huile dans les rouages du système. Ils répondront qu'ils n'ont ni la place, ni le temps de parler de tous les livres, c'est vrai ; mais, en dernière analyse, ça rentre bien dans le jeu de la logique économique éditoriale, bien qu'elle fasse semblant de s'en plaindre.

Ainsi, dirigés par la logique d'un marché, ils promotionnent à outrance certains titres, les critiques. Ainsi, ils ressemblent à des publicitaires. Et y a-t-il, effectivement, tellement de différence de fonctionnement entre telle immense affiche vantant la blancheur d'un linge lavé avec tel enzime bavard, et un grand papier sur le dernier livre d'Alain Peyreffite, autre enzime glouton ? C'est toujours le même « venez voir » qui désire attirer l'attention, la détourner. Et notre primitif mythique fut aussi le premier publicitaire !

Et les critiques sont souvent payés par des sommes données pour la publicité. Les pages « lettres » des journaux vivent en majeure partie grâce à la publicité payée par les éditeurs. L'économique dit toujours tout : indirectement l'édition anime bien la critique littéraire. Et d'ailleurs, en général, la plupart des journaux (sans parler des radios) vivent par la publicité. On voit poindre, ici, le nez de la terrible connivence entre « information » et « publicité ». S'il y a de l'information, parce qu'il y a de la publicité, l'information n'est-elle pas publicité, la publicité information ? Il est de bon ton de cracher sur la publicité. Mais sans publicité, et même sans propagande, avec quoi exciterions-nous les petits atomes endormis de nos cervelles ? Sans « venez voir ! » par quel inexistant miracle détournerions-nous nos regards de la vague contemplation de rien ? Vive la publicité et la propagande ? Evidemment, on me répondra par la différence entre « l'objectivité » de la critique, de l'information, et le « parti-pris » de la publicité. Je doute de l'impartialité de la critique, de l'information — on verra plus tard. Mais, en tout cas, le but de l'information et de la publicité est le même : attirer l'attention.

Le critique littéraire pond un texte, d'où la maison d'édition extraiera des arguments pour la publicité proprement dite (placard avec des « morceaux choisis » de presse, phrases clefs de critiques importants). Le texte critique (qu'on appelle souvent « publicité rédactionnelle ») sert donc de matière première à cette publicité. Mais, en fait, on reconnaît (selon, je pense, des statistiques et des interrogations savantes) que l'encart publicitaire proprement dit, directement payé par l'éditeur, est moins efficace (propagandiste) que le texte critique. Ce qui laisse penser ce dernier comme véritable publicité, l'encart publicitaire n'étant plus qu'un mime, un alibi pour que ce texte critique n'ait pas trop l'air publicitaire. La connexion information - publicité est telle qu'on a pu proclamer que les articles littéraires des journaux s'écrivaient au prorata des publicités littéraires. Tant de mètres carrés de pub payée par telle édition, tant de mètres carrés d'articles sur ses titres. Je ne pense pas les ruses aussi simples. Il arrive trop souvent que les critiques parlent d'ouvrages d'éditeurs qui ne font pas, ou peu, de publicités directement payantes. Voilà qui renforce la thèse selon laquelle le texte critique possède *en lui-même* la fonction de publicité.

Beaucoup de journaux, aujourd'hui, hésitent à passer des papiers défavorables. Prétexte : vu le peu de place, il vaut mieux louanger et ne rien dire si on aime pas. Ça ne fait que souligner que l'important n'est pas de juger, comme le pensait le lieu commun à la première peau de l'oignon, mais *d'en parler*. Refusant le papier défavorable, on neutralise l'avis du critique, seul reste le fait « d'attirer l'attention sur ». Qu'importe le contenu du texte critique (de toute façon, il sera favorable), seule compte la place, la grandeur du discours. On s'enferre bien dans un fonctionnement publicitaire où l'important est de répéter, répéter le nom du produit, en parler quoiqu'on en dise ; le « baratin » d'une publicité ne doit pas être lu, son seul sens est de mettre en valeur le « mot » du produit.

II

Donc le critique va publiciter un livre. Mais quel livre ? Celui donc que l'éditeur aura choisi ? On dit que les critiques sont achetés, c'est vrai. On oublie de dire : comme tout le monde. Perdus entre leurs goûts personnels, les impératifs de la direction du journal qui les emploie, les appels téléphoniques incessants des attachés de presse, les ordres des éditeurs (et de leurs éditeurs ; les critiques sont presque toujours aussi écrivains publiés), ils sont embringués dans un inextricable réseau de politesses à rendre, d'amis à ne pas faire pleurer, de rancunes à ne pas oublier, de puissances à respecter, de tactiques d'avancement social à trouver : toutes obligations qui choisissent à leur place. On appelle ça : être indirectement acheté. Et quand l'éditeur Jean-Claude Lattès veut lancer « Louisiane » de Maurice Denuzière, il invite un « paquet entier » de critiques littéraires de journaux et de radios, en week-end en Louisiane... Comme le monde littéraire est petit, la circulation de la monnaie se fait vite.

Allons, messieurs les critiques, faites aussi, comme l'anti-écrivain, votre *traversée scandaleuse* du système en le prenant à son propre piège. Puisque des rigolos vous taxent de publicitaires, puisque vous êtes indirectement achetés, prenez l'élégance et la liberté de vous faire directement acheter.

Puisque les éditeurs, indirectement, vous manipulent, par amis-ficelles interposés, indirectement souvent contribuent à une partie de votre salaire, adressez-vous directement à eux. Demandez-leur des chèques ; ouvertement et scandaleusement dans cet univers de « dessous de table » et de « derrière les portes ». Que demain Bertrand Poirot-Delpech téléphone à Paul Flamand, directeur du « Seuil » : « Vous voulez que je fasse un feuilleton entier du *Monde* sur le dernier Maurice Clavel ? ». « Oui » (voix intimidée de Flamand). « Alors, c'est un million ! ». Plus d'intrigue ; c'est clair. Des tarifs officiels peuvent même se dresser, au prorata de l'importance du critique, du box-office de l'auteur et du chiffre d'affaires de l'éditeur : ne lésez pas les débutants, ni les petits éditeurs ; soyez putes jusqu'au bout, donnez-vous la peine de paraître aussi démocrate !

III

Mais achetés ou pas, ouvertement ou pas, nous sommes aussi des gens de lettres. On ne va pas, dans une « publicité rédactionnelle », aligner sur deux colonnes le nom de l'auteur et le titre du livre, sans interruption. Il faut bien avoir l'air de faire des lettres. S'il faut en parler, quoi dire ? Et quoi dire en si peu de lignes ? Simple cri entre le fabricateur et le lecteur, la voix du critique est mince, elle n'a pas la pesanteur de celui qui triture la matière du langage, ni de celui qui triture les triturations, qui étudie sur des pages et des pages un texte à la loupe de toutes ses ramifications.

Le livre, dont il va peu parler, il faut qu'il le lise, non ? Paradoxalement, *il ne doit pas le lire.* D'abord, pressé de rendre son article, il n'a guère de temps, ni de tranquillité. Ni peut-être d'envie (peut-on lire forcé ? drame des scolaires). De plus, ce n'est ni son intérêt, ni son rôle. Si celui qui va taper un papier de 75 lignes se mettait vraiment à lire, il ne pourrait plus pousser son cri rapide. Il deviendrait muet. Ou trop bavard, disséquant les remuantes passions de l'ouvrage. Oui, comment parler d'un livre qu'on a vraiment lu ? On entend trop souvent cette banalité que les critiques littéraires ne lisent pas les livres. C'est ordinairement posé comme une réprimande. Je la dis nécessité et même difficile ascèse. Tout dépend évidemment de ce qu'on appelle la lecture. Si lire est entrer complètement (par tous les rythmes de son propre corps) dans un jeu terrible où l'autre (un tourbillon de sens) devient soi, et où l'on devient autre, si lire est ce plaisir d'épouser un autre sang que le sien propre, alors il ne doit pas *trop lire,* le critique qui doit écrire comme s'il était possible d'épuiser un livre en quelques mots. Sa lecture est conditionnée pour écrire *peu* dessus. Il doit donc s'*empêcher* (difficile travail !). S'empêcher de se laisser prendre, vivre. Surtout s'empêcher d'être pluriel, que le cours de la lecture ne le diversifie, lui, en plusieurs sens. Car tout texte, même un simple recette de cuisine, porte en lui une pluralité de nœuds, de chocs mêlés et contradictoires dans lequel le lecteur meurt. Le critique doit rester sur une terre vivante. Borgne forcé, il ne peut que regarder et doit se crisper à ne lire que d'un œil, vite ; pour trouver un seul axe (ou deux maximum) de lecture, un thème mobilisateur (publicitaire ?) qui attirera les regards des autres. Lesquels regards, eux, ont deux yeux et même des milliers.

IV

Oui, mais encore, que dire, même après une lecture borgne ; qu'écrire sur cette feuille blanche qui n'est jamais blanche, on le sait, mais pleine de phrases déjà périmées ?

La première publicité émise par une maison d'édition est le prière d'insérer sur la quatrième page de couverture. Premier « venez-voir », un prière d'insérer se compose généralement d'une présentation, d'un résumé du livre, suivi d'une courte biographie (et bibliographie) de l'auteur. Tout texte, quelqu'il soit, étant irracontable, *résumer* un livre est dire *autre chose.* De même que raconter une vie en trois lignes ! Les prières d'insérer sont les modèles de structure des articles des quotidiens et des hebdomadaires, qui eux aussi parlent *d'autre chose,* et ne peuvent pas faire autrement.

Et je reviens à ce magique « venez-voir ! ». Ce n'est pas « venez voir ce pot, ces feuilles » : *l'objet n'est pas nommé,* puisque ce sont les autres qui le nommeront après. Si l'objet était nommé, l'œil du spectateur ne deviendrait pas curieux. L'impact d'une publicité : elle ne dit pas exactement ce qu'il faut voir. Les meilleures publicités ne parlent pas vraiment de l'objet : on ne dit ni le prix, ni la composition chimique d'une huile, mais : « c'est tout le soleil d'Egypte dans votre salade », ce qui ne raconte rien sur l'huile, ce qui parle *d'autre chose.*

Oui, d'autre chose, mais de quoi ? Comment faire quand on est critique et qu'on doit parler d'autre chose tout en attirant le regard sur la chose ?

Par exemple : ne pas entrer dans le livre, mais le caresser, et dire sa couverture : « *La saga des deux célèbres tribus antagonistes : les Cronopes, un peu poètes, et les Fameux, plus sérieux. Un assortiment de nouvelles qui a valu au grand écrivain argentin un siège au Collège de pataphysique* » (Note du « Nouvel Observateur » — 28 février 1977 — sur « Cronopes et Fameux » de Julio Cortazar) : deux phrases, la première développe le titre, la seconde le sous-titre (« nouvelles »). On peut aussi le contourner : partir d'un petit quelque chose du livre, s'allonger et écrire sur un ailleurs (sur soi, souvent), pour revenir au livre, quelques fois, par petites touches, comme un danseur semble voler mais prend ressort imperceptiblement sur le sol ; c'est la méthode la plus élégante, souvent celle de Bertrand Poirot-Delpech (feuilleton du « Monde »). Ou encore on trouve un biais, un thème de départ, hors du livre, et on parle, « critique » le livre par l'œil unique de ce biais, de cette astuce de départ. Parlant de « l'Epouvante l'Emerveillement » de Beatrix Beck, Matthieu Galey (« l'Express » du 28 février 1977) envoie des fleurs autour de ce thème unique, de ce fil conducteur : on croyait ne pas connaître Beatrix Beck mais finalement, on s'aperçoit qu'on la connaît (à travers son dernier livre, bien sûr...). On peut aussi épingler l'ouvrage sur les rayons de sa bibliothèque, le situer dans l'histoire de la littérature, dans l'histoire personnelle de l'auteur. La plupart des critiques se doivent de proposer au moins deux ou trois noms d'auteurs célèbres pour parrainer (ou enfoncer ?) l'ouvrage traité : « *La fresque provençale à la Giono prend soudain des accents faulknériens* » (Bertrand Poirot-Delpech, à propos de « Feu » de Rezvani, « Le Monde » du 4 mars 1977)... « *Même si l'on voulait éviter une comparaison avec la Nausée de Sartre...* » (Nicole Casanova, à propos de Peter Handke, « Le Monde » du 25 février 1977). Comme le publicitaire, le critique s'excite avec des formules chocs ; j'en propose deux à prendre pour n'importe quel livre : « C'est Kafka réécrit par Malebranche » et « C'est Bibi Fricotin dessiné par Max-Pol Fouchet ».

Ou encore, ou encore, mais je ne vais pas continuer cette distribution des prix, sans doute mal et hasardeusement choisis, piqués sur quelques journaux hâtivement feuilletés dans le désordre de mon bureau. Je ne vais pas faire œuvre d'analyse structurale et systématique du langage critique ; je pèle simplement un oignon.

Entre deux pelures, j'écris de temps en temps des critiques pour quelques journaux. Et j'ai commencé à apprendre quelques trucs : pour un ouvrage dit « d'avant-garde », on parlera du fourmillement incessant de souffles superposés où se clôt le langage ; pour un roman « d'amours modernes », on parlera de fraîcheur, de légèreté, d'invention, il est de bon ton d'ajouter que cela échappe à la convention. Les histoires d'enfants sont toujours cruelles et tendres. Beaucoup d'écrivains ont un ton feutré ou caustique qui ne trompe pas. Etc. Les vaches sont bien gardées avec le dictionnaire des idées reçues. Mais ce qui frappe le plus : quelques soient les opinions du journal, de « l'Aurore » à « Libération », se trouvent toujours les mêmes astuces, les mêmes trucs, les mêmes tics, pour parler d'autre chose, ne rien dire et donner envie de lire : ingrate tâche !

V

On sait qu'on n'écrit pas, qu'on est écrit. Par une langue, par une idéologie, par un système politique, économique, par l'histoire de la littérature, par l'histoire de l'édition (*). Tout livre est de commande, mais il y a des commandes qui sont plus commandes que d'autres (« tous les animaux sont égaux, mais certains sont plus égaux que d'autres » - Georges Orwell).

A l'intérieur de ces déterminations serrées qui pressent et font sortir le jus tout seul, l'auteur garde une marge de jeu, celle par exemple d'être le pépin dans le jus. Celui qui écrit pour un journal

(*) Voir : « Est Ouest Berlin Ecrivain ».

(et non pour l'édition) sait que son pépin est mince. On est arrivé au cœur de l'oignon ; ça commence à pleurer.

Ecrivant un livre, la présence du lecteur est indirecte, magique, vague (*). Ecrivant un article pour un journal, le lecteur est toujours là, il y a demande précise. Les journaux connaissent exactement leurs lecteurs, leurs goûts, leurs classes sociales, leurs idées politiques... Donc le journaliste (littéraire) est soumis à des impératifs rigoureux, à un ton imposé, à des mots interdits, à des idées précises et surtout à un strict nombre de lignes. Peu de marge de jeu. Il sait que son article sera obligatoirement coupé. Couper un papier, ne serait-ce qu'une ligne, qu'un mot, signe l'acte d'appropriation nécessaire et symbolique qu'un journal marque sur la signature d'un journaliste.

Le critique littéraire connaît son public, qui l'a même, si on peut dire, *élu comme représentant* (« Moi je suis aveuglément tel critique », dit-on souvent : terrible confiance et responsabilité). Il prend donc le regard du consommateur (pas sa place, puisqu'il ne peut bien lire !). Prendre le regard : avoir le même œil, et en même temps orienter cet œil-là. Le critique écrit ce qu'on attend de lui. L'écrivain peut se permettre de troubler l'ordre, de faire de l'inattendu (c'est d'ailleurs ce que l'idéologie de la littérature lui demande) ; d'où,

(*) Voir : « Contre quel lecteur taper des mots sur le papier ? ».

dans ce marché, la nécessaire présence de celui qui rentre dans le jeu du lecteur pour que ce dernier découvre le jeu plus difficile (plus coupé) de l'œuvre, de l'écrivain. On n'achète pas un livre sans l'avoir déjà un peu lu. Le critique est le media du sens premier du livre, ce qui donne qu'il va être acheté, et à partir de là acquérir d'autres sens. Dans la coupure, imposée par la nécessité économique de nouveautés, dans le choc aveugle, l'absence de regard commun qui se passe souvent entre texte et lecteur, la vieille voix redondante et bornée (volontairement redondante et bornée) du critique *rassure* et sert d'intermédiaire.

Mais, pour rassurer, le critique littéraire des quotidiens et des hebdomadaires doit toujours se situer en deçà de l'œuvre dont il parle ; sa parole doit se cantonner dans le lit douillet du lieu commun, de l'univocalité, de la naïveté, de la simplification abusive. Oui, son cri, son « venez-voir » doit rester mince, son « ton » hypercodé, ses analyses superficielles ; il doit, vite, dire toujours la même banalité, qui rassurera la timidité du lecteur, pour attirer son regard sur ce qui est souvent trop neuf pour être vu. Simple coup d'œil, il ne doit pas empêcher le travail de la lecture de s'effectuer lourdement et de découvrir, alors. En somme, l'inoubliable bêtise, que des imbéciles lui reprochent, est son principe même !

VI

Le livre publié et mis en librairie n'est pas donc encore réellement sur le marché, dans la circulation des valeurs. Il lui reste à trouver son publicitaire, celui qui étincelle la possibilité d'impact, de production de nouveaux sens.

Si personne ne crie, le livre va errer dans un no man's land où sa réalité sera hésitante, s'oubliera ; objet sans idendité, sans empreinte dans les jeux des cervelles communes, il va se perdre, comme si, quelqu'un ayant autrefois creusé une boule de terre glaise, personne n'avait crié venez-voir, et personne n'avait mis de l'eau dedans pour boire.

Mais, dira-t-on, beaucoup de livres n'ont pas besoin d'articles pour se vendre. Dès leur publication, dès leur mise en librairie, ils naviguent déjà *entre* les gens, sur le marché. Les ouvrages techniques, les livres attendus, pour qui le public est là, réclamant, les ouvrages dits « de grande consommation », les livres de grandes actualités, sont justement *déjà* testés, publicités, promotionnés. Le besoin de publicitaires adroits est le propre de ce qu'on appelle le littéraire, le choquant, l'indemandé — une part minime de l'édition — ; toute cette fabrication de choses neuves qui doivent s'ancrer dans un processus qu'elles heurtent. Ces romans, ces poèmes, ces essais, ces textes, ce difficile travail de percer et de coudre les signifiants.

VII

Quand on a fini de peler un oignon, il ne reste plus rien ; des épluchures. Quand on a lu un journal, on le jette ; des épluchures. Ce cri « venez-voir », lieu tragique ! Car le travail du critique littéraire est fait pour devenir inutile quand le livre dont il a parlé entrera dans la pratique commune. Quelques articles célèbres restent ; mais *dans* des livres ! La seule utilité des critiques est de devenir inutile. D'où leur rancœur. Nous vivons le fantasme de laisser des traces. Les critiques laissent rarement des traces, ou dans quelques archives ! Ils se croient alors des ratés. Ils ont des ulcères à l'estomac. Ils compensent cela en se laissant croire des juges importants qui font la pluie et le beau temps ; ce qui est parfois vrai. Pourquoi ne pas voir le souverain de l'éphémère ; la puissance d'être jeté et oublié. C'est ce qui rend passionnant l'état de « crieur » : sa tragique et puissante fugacité, sa rapide relativité. Le critique littéraire écrit provisoirement sur ce qui est écrit pour essayer de durer et, comme un papillon, se brûle lui-même.

4

TOMBEAU POUR UN LIBRAIRE INCONNU

(*pour une voix de soprano*)

I

Ainsi Fnac Fnac les petites librairies...

Je n'ai pas toujours les idées claires, on a pu s'en apercevoir. Sûr de moi dans les premières lignes, chaque fois que je persiste à dessiner des idées noires sur du blanc, j'en doute. Parce qu'on vous taxe d'intellectuel, vous devez avoir des idées sur tout ! Vieux restes du rêve d'humaniste ! Je n'ai que des incertitudes sur le problème de la Fnac. Je n'ai certainement pas encore assez écouté d'autres voix à ce sujet. Je ne sais pas grand chose.

Je pourrais m'arrêter là. Mais je suis comme un torero qui voit sortir un toro inconnu et ne sait pas par quel bout le prendre. Je dois quand même le toréer, même pour exposer mon impuissance. Le Fnac vient de sortir du toril, je dois la *citer* (on appelle *citer*, en tauromachique langage, l'opération risquée qui consiste à appeler le toro pour qu'il fonce fort sur le leurre).

La Fnac : discount, 20 % de moins sur le prix public, alors tout le monde y va, alors les petites librairies disparaissent, alors les Fnac s'étendent, étendent leur discount, suivies par quelques autres grandes surfaces qui vendent des livres, alors toutes les anciennes librairies disparaissent, alors il n'y a plus que des Fnac, alors tout Pouvoir a la possibilité de main-mise sur ces lieux de vente groupés, cernables et centralisés, la possibilité de censurer et d'ordonner. De plus, la Fnac réalise non seulement des bénéfices commerciaux, mais aussi des bénéfices financiers, comme toutes les grandes surfaces, comme toutes les grandes librairies. Si elle achète, par exemple, cent exemplaires du dernier livre de Michel Foucault, elle va payer Gallimard à 90 jours, mais va vendre Foucault en 10 jours ; la recette, avant de la donner à cet éditeur, elle la met en banque, en « compte bloqué » : ce qui rapporte de 10 à 15 % sans rien faire. Et les petites librairies ne peuvent jouer ce jeu ! Ai-je bien posé le(s) problème(s) ?

J'écris seul. Personne ne me répond. Et pourtant il serait important de savoir dès maintenant si j'ai bien *cité* la Fnac !

Admettons qu'il est posé, le problème. C'est celui même des grandes surfaces et des petites boutiques. La centralisation et la concentration contrôlées, lourdes, face à l'émiettement, synonyme d'invention, de rapidité, de révolte.

Dans ce cas, première réaction : à bas la Fnac ! A bas le discount ! Militons pour un prix imposé (impossibilité de vendre moins cher le produit) par l'Etat qui permettra ainsi la libre existence de toutes les librairies sur les mêmes bases. (Entre parenthèses : curieux exemple de demande de restriction de la liberté (prix imposé) pour avoir la liberté. Comme quoi la dite liberté n'est qu'un *argument*, pas une réalité).

Mort à la Fnac ! Mais ne faut-il pas gratter un peu et visiter d'autres questions, celle du mode d'achat (pourquoi, comment, où achète-t-on (et qui ?) les livres ?) et celle du Pouvoir ?

Actuellement, on trouve, à quelques rares exceptions, tous les livres à la Fnac, rue de Rennes, à Paris. Ils sont 20 % moins chers que dans les autres librairies. Donc une question bête qu'il faut agiter, parce qu'elle fonde tout : comment peut-il exister des parisiens qui achètent leurs livres ailleurs qu'à la Fnac ? Faut-il être masochiste, ou ne pas savoir que faire de son fric ? J'entends d'ici le chœur des réponses des honnêtes gens aux idées bien claires : « La Fnac est rue de Rennes, loin de Rueil, loin des Batignolles, il y a la paresse, l'habitude, l'ambiance, et on ne va pas perdre du temps et de l'argent de déplacement pour 30 francs de livres. » Beaucoup à dire sur cette réponse.

J'aime l'opéra. Un coffret d'opéra coûte entre 150 et 200 francs. Il ne me viendrait pas un quart de seconde à l'idée d'aller acheter un coffret d'opéra ailleurs qu'à la Fnac. Quatre fois par an, petite fête, je fais une grande provision de Callas et de Tebaldi. J'en ai pour 500 francs, je gagne environ 100 francs, j'ai l'impression d'avoir fait bonne affaire. Donc mes achats sont *groupés* : dans le temps, dans l'espace, dans leur nombre, dans leur coût.

On va dans les grands magasins (et la Fnac c'est le Casino du livre !) une fois par semaine, faire son marché « pour la semaine », en bloc, groupé. L'épicier du coin est bon pour le beurre qui *manque soudain*, auquel on n'avait pas pensé. Alors, je me demande (il faudrait faire une enquête, des statistiques...) si tous les gens qui vont à la Fnac-Rennes ne groupent pas leurs achats de livres, et surtout de livres chers (10 % des Pléiades se vendent à la Fnac). Mais ce qu'il faudrait savoir avant tout : où, pourquoi, comment achète-t-on les livres en général ?

Et justement moi (mais là encore il faudrait voir ailleurs que chez toi, petit vieux !), j'achète un livre par un *manque soudain*. J'ai besoin, tout à coup, d'un livre. Comme un drogué de sa drogue, dira le premier imbécile venu. Besoin d'un relais extérieur à des mouvements, des peurs rentrées. Qu'importe, alors, l'endroit où je me trouve, j'achète. Mon cas d'écrivain est-il un peu spécial ?

Pour la majorité des lecteurs des classes sociales qui lisent généralement, l'achat d'un livre n'est pas longuement mûri. N'est pas programmé. On programme d'aller faire son marché au Casino le samedi matin parce qu'acheter de la nourriture est vital, nécessaire, normal ! On programme (on réfléchit longuement avant) d'aller acheter une machine à laver la vaisselle parce que c'est un grave investissement (comme on dit pour faire sérieux dans les budgets des familles de la petite bourgeoisie). Mais un livre n'est ni vital, ni cher. Son achat : un phénomène ponctuel qui se passe vite, sous une influence, un stimulus court (l'information !) dans un temps bref. Combien de gens, s'ils ne trouvent pas immédiatement le livre dont ils ont entendu parler, l'oublient et ne le recherchent plus !

On achète donc un livre au moment et là où se joue l'envie, l'influx d'en dehors qui produit l'envie. Les livres étant presque toujours des « nouveautés », on ne peut y penser avant ; et vu les rythmes de parution des « nouveautés », l'une chasse l'autre, empêche et tout retard et toute prévision. On groupe rarement des achats de livres. Ou alors on se programme, ou se mitonne dans sa tête l'achat groupé de quelques classiques, de quelques livres qui demeurent rochers dans l'avalanche poudreuse. Mais ils sont rares. Et l'achat (et la lecture ?) reste un courant d'air, une opportunité. Donc beaucoup de librairies arrivent encore à vivre à côté de la Fnac... Mais l'avenir ?

Jérôme Lindon a raison quand il dit : « *La concentration dans la distribution du livre risque d'influer sur la production. L'édition, dont les débouchés seront réduits, en viendra de plus en plus à ne publier que ce qui se vend. Et c'est toute la littérature en mouvement, en formation, qui risque de se trouver étranglée* ».

C'est juste : c'est le problème de la diversité des points de vente. Toute concentration diminue le marché ; toute concentration est une cible extraordinaire de main-mise pour un pouvoir.

Mais, de quel pouvoir s'agit-il ? Et donc, de quelle concentration ? Ce pouvoir, qui aurait intérêt à la concentration, peut-on le nommer ? S'agit-il de tout « Pouvoir », quelqu'il soit, dont on a peur quelqu'il soit ? S'agit-il du capitalisme libéral ? Et dans ce cas, sachez-le, son système même l'oblige à produire, pour se légitimer, un contre-pouvoir. *Et la Fnac, si elle sentait venir son monopole exclusif, serait obligée de financer aussitôt un grand nombre de petites librairies marginales et autonomes, pour se légitimer, surtout pour reconduire et soutenir l'exercice de la libre concurrence dont elle vit.* Mais je ne sais pas si cela va rassurer Jérôme Lindon.

Je ne sais pas non plus si cela va me rassurer (en ai-je besoin ?). Ne suis-je pas en train de légitimer la Fnac ? Sous-entendu : de me faire mal voir des autres libraires (qui doivent vendre aussi mon livre) ?

Allons plus haut : que suis-je en train d'écrire ici, dans « Ecrire, c'est vendre ». Dans tout roman policier il est un moment où le héros fait le point. Tout livre est policier.

Il y a trois façons de parler des contractions et des échanges du monde : du réel.

Ou bien le saisir tel qu'il se fait, ici, maintenant, en France 1977, et par ce discours même, proposer des solutions pour l'améliorer, sans changer son fondement, les principes de ses circuits. Ce serait, ici, parler de l'édition capitaliste libérale avancée, l'analyser, en coudre les réseaux, et tenter de définir, par des critiques ou des propositions, les manières d'améliorer ce système, c'est-à-dire de le renforcer (comme font les syndicats, qui tentent finalement « d'améliorer » sans remettre en question).

Ou encore poser comme mourant ce régime économique, et parler de ce qui se passera plus tard, quand un autre système d'échange, un autre système de pensées, quand d'autres classes auront pris le pouvoir. C'est le discours marginal que d'aucuns taxeront d'utopique, de singerie en vase clos d'un type de société dont nous ne possédons pas encore les clés.

Ou enfin, et c'est peut-être ce que je tente de tenter, poser le système comme réel, fort, puissant, l'analyser (à la limite le renforcer par cette analyse) mais entre ses contradictions, proposer, non des améliorations, mais des *traverses* et une « *marginalité dans* » le système, qui lentement peuvent préparer le terrain pour un ailleurs qu'il est encore trop tôt de dire. Quand j'ai dit : écrivains, éditez-vous vous-mêmes, sachez qu'écrire c'est aussi vendre, je proposais une *traversée exemplaire et scandaleuse* d'une structure idéologique et commerciale, d'une institution (*). Quand j'ai dit : critiques devenez totalement et ouvertement corrompus, c'est aussi une *traversée scandaleuse* d'un réseau de connivences, de timidités, de compromissions où l'argent réel est tu par fausse pudeur (**). En clair et net : En attendant un renversement des valeurs et de l'économie, que la classe intellectuelle, que le commerce culturel ne peut produire, qu'une *autre* classe devrait *faire* (quand ?), la seule possibilité de subversion culturelle et de préparation du terrain par destruction, serait la pratique suivante : à travers un capitalisme de banques et d'état bien organisé, structuré, possédant ses lois et surtout son idéologie de silence et de masques, à travers une opposition de gauche petite-bourgeoise moralisante, conservatrice et timorée, effectuer radicalement une *sorte d'économie sauvage de marché* scandaleuse, en montrant ouvertement, en vivant au grand jour

(*) Voir : « L'écrivain, l'anti-écrivain et le pseudo-écrivain ».

(**) Voir : « A quoi peut bien servir la critique littéraire dans les quotidiens et les hebdomadaires ? ».

(dénonçant par la pratique) les rouages secrets et roublards des combinaisons financières bien huilés. Prendre désespérément le système économique au pied de sa lettre, l'étaler dans un subversif rire, et en même temps, faire le plus grand des crimes : en profiter ouvertement. C'est en étant plus royaliste que le Roi qu'on peut déboussoler le Roi, qui sera, après, par d'autres, déboulonné ! Il n'est donc plus question, ici, d'être marginal, ou récupéré, mais de jouer une terrible récupération tellement évidente qu'elle devient marginale, hors-système... (1)

Or, justement, dans une certaine mesure la Fnac pratique ce capitalisme sauvage, cette traversée scandaleuse du système libraire. Et cela montre combien cette pratique peut être à double tranchant. Car la Fnac use sa subversion non contre, par exemple, les banques, ou les grands « ensembles » éditoriaux mais contre ce qui n'avait pas besoin d'être encore subverti, les petites librairies.

Et ici, maintenant, il est nécessaire et vital pour les petites librairies (et leur charme discret) de combattre la Fnac, même en admettant que pour survivre la Fnac doive produire elle-même ses propres microbes... Comment combattre ? Quelle scandaleuse traverse imaginer loustiquement ?

---

(1) Ceci posé, je pense qu'il faut, *aussi, en même temps,* soutenir, aujourd'hui en France 1977-78, l'Union de la Gauche. Les fronts peuvent se rejoindre. Et soyons réalistes !

II

Véridique rapport sur les dernières chances de sauver la librairie en système capitaliste

Il est temps de regarder maintenant les choses en face et sans hypocrisies. Trop de librairies ferment actuellement leurs portes, à cause d'une gestion hésitante, d'un mauvais emplacement, d'une inadaptation aux rythmes de consommation actuels, à Paris à cause de la Fnac. La situation est grave, mais nous n'osons pas la voir dans sa réalité, dans son drame. Que voulons-nous faire ? Vendre des livres ou gagner de l'argent ? Vous allez me répondre : vendre des livres. Dans de telles dispositions d'esprit, il n'est pas étonnant qu'une à une nous fermions nos portes. Ce que nous voulons, c'est gagner de l'argent.

Voyez-vous, nous libraires, nous avons le malheur d'être aussi des intellectuels, pétris de consciences... Nous nous voulons gardiens de la culture. Mais soyons francs, nous datons. De la culture, les Banques se foutent. Sur cette culture (bourgeoise) les révolutionnaires d'extrême gauche crachent. Le P.C. et le P.S. ont d'autres Chirac à fouetter. Inutile d'essayer de sauver un faux problème. Crachons. N'ayons pas honte d'être commerçants. Faisons cracher. Sauvons nos bourses. Tout le monde dit bien, et Karl Marx pas le premier, que le livre n'est que marchandise. Alors considérons-nous comme des marchands.

Et même plus. Qui sommes-nous ? Nous sommes les *banquiers* du système éditorial, de la littérature, commerce où existe la possibilité de retourner la marchandise non vendue. Quand nous recevons un livre à l'office, nous faisons une traite escomptable au distributeur (à l'éditeur). Si quelques mois plus tard nous retournons ce titre invendu, il nous rembourse avec d'autres titres que nous pourrons encore retourner et ainsi de suite. Comme les Banques de prêts, nous faisons des *avances,* qui obligent l'éditeur à travailler, travailler pour nous rembourser. Grâce à notre argent (il nous arrive de payer comptant) grâce à nos avances, vivent les distributeurs, les éditeurs et quelquefois les écrivains. Bien sûr, en contrepartie nous pouvons vendre, mais nous sommes d'abord les mamelles nourricières d'un tas de mendiants.

Comportons-nous en banquiers. Prenons leurs costumes cintrés en tweed, trois pièces. Et puisque banquiers nous sommes, pourquoi ne pas spéculer ? Pourquoi ne pas faire fructifier ces biens (du papier !) sur lesquels nous avançons de l'argent (du papier !) ? Chaque exemplaire d'un ouvrage devrait avoir le fonctionnement d'une action en bourse ; et sa valeur d'augmenter en cas de demande ! Dès qu'un ouvrage commence à bien se vendre en nos rayons, augmentons son prix chaque jour. Les gens se précipiteront pour l'acheter avant que son prix n'atteigne des sommes impayables. Les payeurs (lecteurs ?) seront motivés pour dépenser de l'argent, d'abord par jeu (prendre avant que ça n'augmente trop) ensuite pour spéculer eux-aussi (le revendre à son prix enflant !). J'ai acheté hier un

Michel Foucault à 100 francs, aujourd'hui il est à 120. Et nous, émettant des actions sur nos comptoirs, nous nous enrichirons. Notre client, l'édition, s'enrichit. Dès que la vente se ralentit, on baisse les prix. Si la vente ne reprend pas, on rehausse artificiellement, laissant croire à une nouvelle flambée : tout le monde se précipite (avant que ça ne redevienne trop cher !). Etc... Mais parallèlement, d'un livre qui ne se vend pas (plus difficile, plus « de recherche », plus « hors de la tranquillité », parce qu'il choque les idées faites, parce que le nom de son auteur n'est pas connu) comme en bourse, la valeur diminue.

Les gens qui veulent lire et qui n'ont pas d'argent, voyant les livres dont on parle (et pour lesquels ils sont entrés en librairie) si chers, se rabattront sur des nouveautés plus discrètes, plus difficiles, plus abordables financièrement... plus poétiques ! L'édition capitaliste nous félicitera de cet enrichissement des valeurs confiées que nous avons fait fructifier. Leurs banques aussi nous féliciteront. N'oublions pas, des banques sont derrière toutes les maisons d'édition, et quand ces dernières affichent leur nom sur la couverture, un grand absent se remarque : le nom de leur banque. Enfin, la gauche et l'extrême-gauche nous féliciteront parce que nous mettons la culture intéressante au plat niveau des bourses des pauvres. Nous gagnons sur tous les tableaux, et nous sauvons peut-être la librairie en système capitaliste.

De plus. On reproche aux librairies d'être des temples silencieux où le commun des mortels n'ose pas entrer, de peur d'un ridicule. Et n'avons-nous pas ri, nous, quand un jeune ouvrier timide nous a demandé « la tête contre les murs » de Zola ; et son rouge au front de voir Bazin sur la couverture ! On reproche aux librairies d'être trop sérieuses, d'être les lieux trop évidents d'une classe sociale. Bref on reproche aux libraires de vendre des livres. Et on a raison.

En effet, il est absurde que nous vendions des livres. Du moins que nous ne vendions que des livres. Rentrons dans le jeu de nos ennemis, ils font notre jeu. Le livre n'est plus une denrée tout à fait à la mode. Vendons, aussi, dans nos officines, des produits plus nécessaires : légumes, viandes, boîtes de conserves, vins... Celui qui n'entre pas d'habitude dans une librairie viendra y acheter des carottes, et peut-être achètera un livre : nous augmenterons notre chiffre d'affaires. Rusons encore : pour dix steaks achetés, un livre en prime ; ou pour dix livres, trois steaks. Fin de la division de la culture (félicitations sur la gauche) et nous augmentons notre capital (félicitations sur la droite).

Mille choses sont possibles. Le principe : ceux qui nous critiquent et proposent un autre système, connaissent mieux notre économie que nous. Prenons leurs analyses et enrichissons-nous. Devenons véritablement épicier, puisque d'un côté on nous reproche de ne pas l'être, et que de l'autre on nous accuse de l'être. Mettons notre imagination au pouvoir pour sauver la librairie en système capitaliste.

5

CONTRE QUEL LECTEUR TAPER DES MOTS SUR LE PAPIER ?

(*pour une voix de mezzo-soprano*)

I

Les banques et une de leurs filles, le commerce du livre, si elles la nient dans leur discours, reconnaissent, dans la réalisation de leurs insinuations financières, l'existence des classes sociales, de leurs contradictions et de leurs luttes. Les intellectuels de l'industrie du livre qui travaillent à organiser de leurs bureaux les circuits de distribution, ont compris que l'interrogation mille fois répétée par d'autres intellectuels : « pourquoi écrire ? », ne correspondait à rien de précis, mais que, par contre, l'urgence venait de se demander « pour qui écrire ? », puisqu'il faut distribuer les livres dans des librairies, mais lesquelles ?

Car ces ingénieurs du livre ont calculé qu'il était stupide de profiter au maximum des possibilités de la grande distribution, de la multiplification des points de vente, et que, au contraire, il fallait (il était plus rentable de) *réduire* les points d'arrivée ; les réduire, donc les *préciser*. En d'autres termes, il est crétin d'envoyer tous les livres dans toutes les librairies existantes, il faut trier, ponctualiser l'envoi. Mieux vaut une pile de 10 exemplaires de chaque titre dans 200 librairies, que des livres perdus à un exemplaire dans 2 000 librairies. La pile fait vendre, répète-t-on dans les grandes familles d'édition, et aussi chez leurs petits frères, les petits éditeurs.

Cette vision des choses est d'ailleurs, je crois (mais j'écris seul), relativement récente. Les grands trusts de distribution ont bâti leur puissance sur la croyance hâtive en l'efficacité de la multiplication des points de vente. Mais vu, alors, la multiplication des « retours » de livres, la vapeur s'est renversée, et on croit maintenant à la relativité des points de vente. Et, pour conserver leur puissance, ces grands distributeurs font maintenant visiter leurs ordinateurs qui s'essoufflent à savoir dans quelles librairies envoyer chaque livre exactement ; donc classent chaque librairie, définissent exactement son type de clientèle, sa *classe* de lecteurs.

Mais aussi, et c'est bien plus difficile, il faudrait pouvoir déterminer à qui précisément s'adresse tel ou tel livre, pour faire coïncider, alors, le livre, marchandise cernée et précisée, avec son type de librairie, ou autre lieu et mode de vente. Ce qui entraîne donc que l'écrivain, écrivant, sache à qui il s'adresse. Et les intellectuels de la distribution des livres, là, s'arrachent les cheveux.

Il est bien évident que l'Annuaire du téléphone (un livre aussi, ne l'oublions pas !) s'adresse aux abonnés et aux utilisateurs de cet appareil, a été écrit (il s'agit aussi d'écriture) pour eux, et donc ne pose pas de problèmes de distribution. Les livres scolaires, écrits précisément pour tels types d'élèves dans tel type de classe, s'envoient facilement à eux. Le seul problème : faire les paquets. Mais on ne se trompe pas de cible. Un livre sur la pêche à la truite, écrit pour les pêcheurs de truite, trouve facilement les coins où statistiquement on pêche à la truite. Il doit bien exister des statistiques de ce genre. De même des livres écrits sur des sujets précis et (plus ou moins) facilement localisables (le rugby, la tauromachie, l'industrie chimique, etc...). De même encore, les ouvrages pour des professions précises (ouvrages techniques, d'informations, ou d'autres propagandes, etc...) seront distribués où sont concentrés ces professions.

Plus délicat le traitement de la distribution avec des livres de littérature dite générale, ou traitant de sujets plus généraux. Cependant, on peut dire que les ouvrages philosophiques, scientifiques, politiques ou d'histoire s'adressent aux professeurs, aux ingénieurs, aux étudiants et peuvent être distribués là où ces savants (?) se trouvent, ou du moins là où on croit les trouver. « Ecrire c'est vendre », par exemple, s'adresse aux professionnels de l'édition, aux professeurs littéraires, aux étudiants, mais aussi (et c'est plus vague) aux écrivains, à ceux qui croient le devenir, qui le seront, ou pas...

Il y a possibilité de cerner la distribution, de la rendre efficace ou plus simple, quand l'écrivain a dans ses mains, écrivant, l'image plus ou moins précise du type de son public ; s'il parle, répond, contredit, controverse avec des quelqu'uns plus ou moins précis. La distribution peut alors se concentrer sur des zones plus ou moins nettes, définies par la localisation géographique de catégories socioprofessionnelles, d'occupations ou de distractions.

Mais il y a une race d'écrits où justement la tradition (!) veut que l'on n'écrive pour personne (ou pour tous) : ce qu'on appelle bien vaguement la

« fiction ». Et justement, à cause de cet indéterminé, de cette difficulté accrue de distribution, on dit (et c'est souvent vrai) que la « fiction » se vend moins bien que les essais ou documents. Comment définir, même vaguement, la « fiction » ? Très grossièrement : Toute œuvre dont l'objet principal est le développement de sa propre langue, l'écriture, qui, elle, peut *produire,* entortiller, d'autres sujets, d'autres objets : romans, récits, nouvelles, poèmes, ou plus généralement textes. Mais ce qui la définit encore mieux, cette « fiction », c'est son mode de production : justement ce fait d' « impenser » le lecteur, de le rendre présent dans son écriture non comme visage social, catégorie professionnelle ancrée dans un statut déterminant, mais comme « idée de lecteur ».

La fiction est aveugle. Elle ne regarde pas celui qui va la lire. Elle ne s'effectue pas par l'existence d'une demande urgente de gens précis. Mais venue d'autres appels plus complexes, tout se passe comme si elle voulait *produire elle-même son lecteur.* Dans cette perspective la marque de la fiction se place dans un « écrire contre » et non dans un « écrire pour » (puisque, lors de l'écriture, le lecteur n'existe pas encore). Ecrire contre : rejet, désir de faire sortir le langage hors de lui-même, quelquefois de le distordre pour en jouir des fils secrets (*). Ecrire contre, d'où cette distance de l'écrivain de fiction (Le grand écrivain ?) (**), sa façon de ramasser tout

---

(*) Voir : « Est Ouest Berlin Ecrivain ».
(**) Voir : « L'écrivain, l'anti-écrivain et le pseudo-écrivain ».

pour l'enfiler dans un ailleurs, synthétique, mais aussi, souvent, producteur de sens, de chocs nouveaux.

La fiction ne s'adressant à personne, personne ne la remarquerait donc, s'il n'y avait pas des « venez voir » des critiques, des publicitaires... (*)

Mais comment distribuer cet indéterminé ? De même qu'on ne peut raconter la fiction, à la limite peut-on la lire sans y être contraint ? Où et qui contraindre ? Envoie-t-on la fiction n'importe où, au hasard ?

Mais si dans la tête de celui qui écrit une fiction, le lecteur n'existe pas, le marché, lui, n'attend sa révélation (sa production) par le choc de la lecture, mais le pré-sélectionne, suivant l'état de la recherche sur la langue, et très grossièrement. Ce qui est « facile » (quand le langage n'est pas trop atteint, quand les sens sont rangés, etc.) va banalement partout (disons naïvement au peuple !), tandis que ce qui est plus difficile se cantonne à la petite bourgeoisie intellectuelle. On ne va plus raisonner sur des catégories socio-professionnelles, mais sur des classes, en général. Puisqu'il est question de la langue, d'écriture seule, minimisant l'importance d'un sujet, la distribution ne sera plus pensée vers des sujets, objets de classes, mais sur l'ensemble lui-même, la classe générique (« ouvriers », « paysans », « petits-bourgeois », « grands-bourgeois », etc.) avec tout le flou que cela suppose...

(*) Voir : « A quoi peut bien servir la critique littéraire dans les quotidiens et les hebdomadaires ? ».

Mais cela veut-il dire que, contrairement à ce que croit consciemment l'écrivain de fiction, on écrit en fait toujours pour des quelqu'uns de précis, classés, situés, datés ? Oui et non.

Certes, l'indéterminé, l'aveugle de la fiction est un mythe. Elle s'adresse toujours à une classe sociale préexistante, est même écrite *par* le discours de cette classe. La question « pourquoi écrire » demeure un leurre ; la vraie : « pour qui écrire ? », « contre qui écrire ? », « pour quelle classe ? », « contre quelle classe ? ». Se situer. Se dater. Etc.

Mais, de toute façon, le langage que l'on a appartient à une classe au pouvoir et, donc, on ne peut écrire *que* pour cette classe. La question « pour qui écrire ? » ne se pose pas en fait, déjà sous-entendue dans le principe même d'écrire.

Alors, une fois cela admis, une subversion peut être, justement, d'écrire *aussi* pour *un lecteur à venir.*

Je veux dire : si j'écris pour quelqu'un de précis, ce sera toujours pour la bourgeoisie qui seule lit, ou alors pour une autre classe mais qui mime la bourgeoisie en lisant ce que j'écris d'ici (de la bourgeoisie) pour elle ; mais à travers l'utilisation dominante du langage, contrairement à ce que l'objectivité commerciale de mon acte m'autorise à croire, *je peux me poser n'écrivant que pour un lecteur non-existant actuellement.*

Je pense à certains textes dits « d'avant-gardes », qui essaient de trouver une nouvelle pratique de la langue, pour empêcher l'ancienne de recouvrir le monde de ses mythes, et pour jeter sur le corps et son langage une nouvelle et plus « réelle » voix ;

ils s'adressent objectivement à la petite bourgeoisie intellectuelle, ils sont écrits pour elle, par elle ; et en même temps, ils ne s'adressent à personne d'ici, mais à un lecteur à venir, à situer, dater, classer plus tard, dans un peut-être autre système politique. Un peu comme (toujours la même signifiante comparaison) des expérimentations scientifiques qui n'ont pas d'utilisations (de significations) immédiates, mais qui ressurgissent plus tard, souvent dans un autre état de la science, là comme jalons importants, mais surgis avant. Il a des écrits « pour et contre » des lecteurs précis, classés, et d'autres qui ne sont écrits que « contre » ; pour personne encore, pour un ensemble, un champ encore *vide* de lecteurs. Et à la limite, ces textes, bien qu'édités, bien que faisant déjà partie de l'histoire de la littérature, ne doivent pas se vendre (être efficace) maintenant. Et la logique inconsciente du système éditoral fonctionne bien, puisque, par *impuissance* (à trouver des lecteurs), ces textes ne se vendent pas, disons peu. Alors écrire n'est pas toujours vendre ? Et j'ennuie beaucoup ceux qui pourraient penser que je n'écris que d'une seule machine. Là, l'écriture se termine, pour l'instant, à la fin du manuscrit ; le reste est en suspens (*).

Mais on peut — il faut — activer le processus. Dépasser cette propre logique du texte « contre » sans « pour », et ne pas en profiter pour laisser le corps éditorial la reconduire (mettre là son alibi à la honte de vendre les autres). Obligé par sa recher-

---

(*) Voir : « L'écrivain, l'anti-écrivain et le pseudo-écrivain ».

che à ne pas se montrer (puisqu'il n'écrit pour encore personne) l'écrivain de « recherche » *peut subvertir cette subversion ;* non pas retourner à une écriture mieux classée, mais, *traversant* la bonne conscience éditoriale, chercher lui-même le lecteur, *le produire concrètement lui-même,* en vendant (signifiant) ce qui ne doit pas se vendre aujourd'hui. Se situant matériellement et financièrement au centre de sa contradiction par la pratique déjà définie de l' « anti-écrivain », activant ainsi le processus de l'avance scientifique. Faire une traverse scandaleuse de ce qui est déjà une traverse scandaleuse (*).

II

Il est bien évident que ces classements sont des inepties : Annuaire du téléphone, manuel de pêche à la sardine, ouvrages de biologie ou de philosophie, romans de Jacques de Lacretelle ou de Michel Butor, préceptes pour mieux accoucher, etc., ce sont toujours des livres. Romans, essais, documents, quelles différences ? ce sont toujours des textes ! Et qui d'ailleurs, peut bien encore les lire, sinon quelques débiles mentaux, au lieu d'aller au cinéma, de regarder la télévision, ou de lutiner des pâquerettes écologiques...

Dans le brouillard total que produit l'économie actuelle, en attendant le sang neuf d'un autre langage, on peut brouiller le brouillard, bouleverser la distribution, devancer le marketing, subvertir le tout.

(*) Voir : « Est Ouest Berlin Ecrivain ».

Mettre les livres là où l'on pense que le lecteur (pour qui ils ont été consciemment ou inconsciemment écrits) ne les trouvera pas. Envoyer « Prostitution » de Guyotat à la place de l'Annuaire du Téléphone, peupler les bibliothèques de gare uniquement avec Stendhal, Balzac ou Montesquieu, et dans les librairies universitaires et dites de « qualité » exposer uniquement Mickey, des policiers et des romans-photos. Envoyer les livres de montagne à la mer, et ceux de la voile à la ville ; distribuer « J'attends un enfant » devant les cimetières ; vendre Hegel, Kant, Jean-Paul Dollé dans les sex-hops, et envoyer tous les livres de culs à la séance de signatures organisée par le Pen-Cub, etc. Ou bien le lecteur, endormi par l'habitude, sans réfléchir continuera à acheter, se fiant au lieu comme sens de ce qu'il paye ; ou alors il se mettra à errer à la recherche de *ses* livres, et, pour lui l'achat d'un titre sera un acte qui devra « mûrir », une recherche, un questionnement, une obsession et n'en prendra que plus de valeur : à la limite, on pourrait alors vendre les livres plus chers puisque le trajet long et hasardeux pour les trouver leur ajoutera du « prix » !

Puisqu'il est question de foutre la pagaille, on peut aussi accrocher les ouvrages aux branches des arbres. Ou encore trafiquer les commandes des autres commerçants, leur livrer des livres à la place des viandes, des sardines ou layettes. Quelle bonne tête fera Potin (Félix) voyant débarquer sur ses rayons la totalité de la « Recherche du temps perdu » ?

6

EST OUEST BERLIN ÉCRIVAIN

(pour une voix de basse chantante)

I

Le jeudi 10 février 1977, à 17 h 12, en gare du Nord de Paris, j'ai pris un train vers Berlin-Ouest pour assister au *Premier congrès des associations des écrivains Européens.* J'ai très peur de l'avion, n'étant pas assez physicien je conçois mal comment une chose si lourde peut voler. Ainsi, pour aller à Berlin, malgré un trajet de 13 heures, j'ai préféré le train, qui reste en contact avec un sol et une durée progressive.

Malheureusement, le lecteur qui sait l'allemand et qui connaît Berlin ne suivra pas, au même rythme que les ignorants, les hésitations de mes angoisses ; il faudrait peut-être que j'invente une autre langue et une autre ville pour donner à lire réellement mon errance. Car cette histoire est celle d'une découverte et d'un savoir hésitant : j'ai fait sept ans d'allemand, et je connais mal ou peu l'allemand ; en partant j'ignorais tout de Berlin.

Ce train, lui-même, résonnait de fantasmes. Vieux, petit, anachronique entre quelques T.E.E., sa destination était Moscou, via Berlin et Varsovie. Partant vers l'Est, je m'enfonçais dans un long voyage au bout d'un mythe. Le Nord de la France, la Belgique, puis la Ruhr, le Nord de l'Allemagne pendant la nuit : une longue agression de lumière. Pêtaient grossièrement, en étincelles d'acierie, la richesse, l'activité, et le « Kolossal » Nord-Allemand. Profit.

Mais, moi, où allais-je ? Berlin, le Mur ? Mais comment partage-t-il Berlin en deux ? Ce mur, je ne me l'imaginais que comme *coupure*. Et l'Est ? l'Ouest ? Je croyais qu'entre l'Allemagne de l'Ouest et Berlin, il y avait un couloir, une zone longue et étroite comprenant une route et une voie ferrée, mais une « zone-ouest » ou à défaut internationale. Bref je pensais qu'il ne fallait pas passer en Allemagne de l'Est pour arriver à Berlin ; que Berlin était un presqu'île. Voilà bien un inconscient occidental, américanisé, qui ne veut pas que Berlin lui échappe !

Je pose des questions à des polonais qui traversaient avec moi la lumière de la nuit de la R.F.A., qui connaissaient le trajet, qui parlaient français. Berlin n'est pas une presqu'île, mais une île au milieu de l'Allemagne de l'Est ; pour y aller, par route ou train, on doit traverser vraiment l'Est : *passer le rideau de fer*. Le mur de Berlin *ne coupe* pas Berlin en deux mais *entoure* Berlin-Ouest. Je m'inquiète, candide, allant vers l'Est, sans le savoir : traverser le rideau de fer, mais je n'ai pas de visa ! Nul problème, on me donnera dans le train un visa de transit. Et de plus, comment se dit Berlin-Ouest en allemand ? demandais-je. (Je partais vraiment à Berlin sans rien savoir, dans une sorte de voyage d'explorateur, ou comme pour un voyage trop habituel, comme si j'allais à Angoulême.) Berlin-Ouest... les Polonais hésitent un peu... se dit « West-Berlin », oui, c'est ça. Et Berlin-Est : « Ost-Berlin ».

Ainsi je vais passer le rideau de fer ! Comment est-ce ? C'est ça : dans la dernière gare capitaliste, aussi éclairée que les autres, mais plus vide, peut-être, le train attend trois quarts d'heure. Puis, lentement s'en va. Alors un choc : un bois noir, calme, vide de lumière, tranquille, très inquiétant. Je n'ai pas peur, une sorte de tranquillité douce et hypnotisée, comme tout le compartiment, comme tout le wagon : c'est un grand silence. Et soudain, une grande percée dans la forêt, un large espace plat, vers le sud et le nord ; là de longues files de barbelés, et des espaces nus et sans doute minés, et des projecteurs tous les kilomètres (et le train passa lentement dans un rayon blanc), et des miradors tous les deux kilomètres, vers le sud, vers le nord. L'Est. Puis de nouveau le calme noir d'une forêt. Puis une petite gare très simple et très triste, en briques rouges-noires, entourée de plusieurs rangées de grillages métalliques et électrifiés, distantes chacune de cinquante mètres. Les quais vides et blancs de projecteurs. Le train en silence lentement s'arrête. Sur les quais, tous les dix mètres, des policiers, des douaniers, immobiles, armés, coiffés d'un bonnet de fourrure, les protège-oreilles remontés par dessus, l'étoile rouge, le long manteau gris-vert, et les grosses bottes d'ours. L'Armée rouge ! Silence. D'autres gardes longeaient le train avec des chiens policiers. D'autres gardes arrivaient avec des échelles, les appliquaient au train, montaient dessus. La porte du wagon fut ouverte. Bruits de bottes dans le couloir. Chaque porte de compartiment fut ouverte et refermée. Un garde nous regardait, un à un. Et ça durait, on entendait un remue-ménage très organisé. Puis de nouveau, la porte de notre compartiment tirée, ouverte, par trois policiers. Bonnets de fourrure, manteaux gris-vert, grosses bottes. Passeports. Un douanier français, allemand-ouest, américain, espagnol (etc.) vous regarde vaguement, comme s'il vous connaissait déjà. Un douanier du rideau de fer vous découvre. Il examine votre passeport, comme s'il était faux. Vous regarde comme si vous n'étiez pas vous. Puis remet ses yeux en face de votre photo, se demandant si après tout ce n'est pas vous. Revient à votre visage, sceptique, scrutant un détail qui laisser percer le maquillage certain. Enfin il abandonne, et après quelques aller et retour d'yeux bleus, convient que cette photo vous ressemble, que du moins on ne peut pas prouver le contraire, et vous laissant le bénéfice du doute, pose comme possible — mais non certain — que vous soyez vous, et vous rend votre passeport. Il me demanda : « West-Berlin ? ». J'ai dit : « Ja ». Il remplit un visa de transit. Regarda encore une fois mon air ému. Et continua sa route le long du wagon. Je m'aperçois que j'ai écrit ça avec humour, ne pouvant pas dire à la fois ma terreur et mon amusement détaché. On est resté une heure et demie dans cette gare, avec les chiens et les clôtures. Puis lentement le train continua sa route vers la nuit. Le Rideau de fer, c'est ça. Mais il est bien entendu que ma lecture, ma « vision » du rideau de fer fut, est, déformée par les lunettes de toute une fantasmagorie policiéro-gestapiste où joue à plein le brouillage total que le capitalisme libéral nous inculque : régime policier et totalitaire, de droite ou de gauche, même combat !

Après ce fut la nuit d'un pays vide, calme et tranquille. Je parlais quelques temps encore avec ces polonais : le train traverse Berlin-Est, puis Berlin-Ouest, puis de nouveau Berlin-Est... Il fallait faire attention. Il y a beaucoup de gares à Berlin, Est et Ouest. Je devais descendre à l'une des gares de Berlin-Ouest. Comment reconnaître une gare capitaliste d'une gare socialiste ? Facile, riaient-ils ! Mais encore ? Ils s'endormirent. Après l'agression de lumière de la R.F.A. industrielle, ce calme serein d'ici me coula dans les veines. Je m'endormais.

Ce fut un matin gris. Quelle heure ? Encore deux heures avant mon arrivée à Berlin, selon l'horaire de l'agence Havas de Paris. Une gare : Berlin Wustumgerult (1). Faubourgs. Est, sans doute. Ce n'est pas l'heure, je suis tranquille. Toujours, lentement des gares. Berlin-Strangwee, Berlin Tisckenkraupt... De plus en plus de villes autour, maisons, buildings, avenues. Toujours des gares. Pas de contrôle. On reste plus dans certaines gares que dans d'autres. J'attends la douane. Je commence à m'inquiéter. Comment reconnaître une gare capitaliste d'une gare socialiste ? Le temps passe. Mes polonais dorment. Je n'ose pas les réveiller. Je suis grand. Pourtant il me semble qu'on traverse des zones urbaines qui ont des allures d'économie capitaliste : réclames, embouteillages, banques !

Une autre grande gare maintenant. Berlin-Friedrichstrasse (2). Là des policiers sur les quais vides : bonnets de poils, longs manteaux verts, bottes grosses. Les quais vides. Contrôle. De nouveau les bot-

---

(1) Ce n'est pas le nom de la gare, c'est un mot qui mime l'allemand et essaie de mettre à lire mon impression.
(2) Vrai mot.

tes dans le train. On entre à l'Ouest je présume. Les portes s'ouvrent. Passeports. Le douanier me regarde, me demande : « West-Berlin ? » — « Ja ». Il me prend le bras : « Schnell ! ». Me pousse dans le couloir. J'attrape ma valise au passage. Il me tient par le bras. Me dépose sur le quai. Me dit : « Schunken sie hinausgellesen und raken urbanbhoft da in da » (1), le tout avec des gestes m'indiquant le corps du bâtiment de la gare. Que m'a-t-il dit ? Je crois comprendre : je suis à l'Est, en Allemagne de l'Est : gare vide, douaniers, policiers, bonnets en fourrure et étoile rouge. J'ai dû traverser la zone Ouest sans m'en apercevoir. Je ne suis pas descendu à la gare Ouest et je me retrouve en plein Berlin-Est !

Je longe les quais avec ma petite valise blanche, descends un souterrain désert, arrive dans les bâtiments de la gare. Il est sept heures du matin, je comprends mal l'allemand. La gare : des immenses salles peintes en vert triste, des grandes photos d'usines en couleurs aux murs, quelques rares vieilles banquettes et des policiers : toute une mythologie, l'imagerie du pays « d'au-delà le rideau de fer ». Je me suis trompé de gare, là où justement la frontière est politiquement capitale, où il ne faut pas se tromper. Il faut que je passe à l'Ouest, que je passe la douane, puisque j'ai toujours mon visa de transit à la main, que mon passeport n'a pas été tamponné (je pense que les formalités sont aussi compliquées à la sortie qu'à l'entrée).

---

(1) Ces mots inventés miment l'impression que j'ai reçue.

J'erre. Je vois un panneau : Einreise nach D.D.R. Je m'avance : une grande salle longue, très vide, sans chaises ni recoins ; une longue queue de gens qui attendent, passeport à la main, vers des guichets au fond. Einreise nach D.D.R. ; je ne sais pas comment se dit « Allemagne de l'Ouest » et « Allemagne de l'Est » en allemand, mais ça, c'est sans doute l'entrée en Allemagne de l'Ouest, puisque je suis à l'Est et que c'est une frontière. Je fais la queue. Ainsi je suis dans le trajet fantastique de ceux qui passent de l'Est à l'Ouest, vers la « liberté » (et ça fonctionne bien, ce qu'on m'a appris à l'école, toute cette propagande américanisée, là, maintenant sur cette scène, au petit matin, au contact cru avec une réalité amplifiée par l'imaginaire collectif : je ne vois plus, je n'entends plus, je laisse faire l'inconscient occidental). Ils ont tous l'air inquiet, tous quittent l'Est. La file avance lentement. Suis-je dans mon droit ? Ai-je le droit de me tromper de gare, à Berlin justement ! Ils sont tous d'un certain âge, simplement et utilitairement habillés. La file avance lentement. Et c'est un curieux spectacle qui se passe.

Je suis maintenant suffisamment près pour voir : à chaque personne, le douanier, très jeune, très sec, prend le passeport, l'ouvre, regarde la photo, la regarde, puis tord la bouche d'un air dégoûté et négatif ; le coupable devient blanc ; après un long temps, le douanier se met à renverser la grimace de sa bouche, à sourire ; et l'innocent peut passer. Et à chaque client de ce petit matin, même scène : grimace, peur, sourire, décontraction. Ainsi, me dis-je, le passage Est-Ouest est tellement effrayant dans sa réalité nue que les acteurs (les douaniers, et ceux qui passent) miment, jouent la terreur et la délivrance, dans une sorte de complicité insupportable.

Mais c'est bientôt mon tour ; plus que quatre personnes devant moi. Toute cette réalité est tellement présente qu'elle devient un rêve. Le douanier (ce n'est pas mon tour) soudain me regarde, regarde mon passeport que je tiens serré comme la petite ficelle qui me retiendrait dans le vide, me fait signe d'avancer. On me regarde. Il prend et ouvre mon passeport. Fait sa classique grimace. Mais ne détend pas sa bouche. Me défigure, l'air sec. Me dit : Nein. Et me fait signe de reculer.

Je suis simplement revenu en arrière. Somnambule, j'ai regardé autour de moi, cherchant à ne pas m'affoler, à vivre les événements froidement. J'ai raisonné : dans cette file, dont je viens d'être éjecté, il n'y a que des Allemands, qui vont vers l'Ouest ; je suis Français, il doit y avoir une autre entrée vers l'Ouest pour les autres étrangers. Je suis revenu en arrière, toujours cette nudité simple, les murs verts, cette rigueur ; et des porte-fenêtres pleines de mystères : car la vue possible par les vitres est masquée avec un rideau brun. Et des policiers, des douaniers verts à grosses bottes. Je trouve un autre écriteau : Einreise nach D.D.R. Encore une entrée vers Berlin-Ouest. D'autres guichets, une autre file. Là, j'entends parler anglais.

Donc je suis, maintenant, sur la bonne voie : celle des étrangers qui rentrent à l'Ouest. J'attends. On me prend mon passeport. Toujours ce regard terrible du visage à la photo. On me reconnaît. Pas de problème. Mais le douanier me dit quelque chose comme : « Nur ein Tag ». Je comprends : « seulement un jour ». Je suis inquiet. Je vais à l'Ouest, à l'Ouest libre (toujours dans ma tête de ce petit matin l'illusion des mythes simples) donc pas question de limitation de temps. Je suis un citoyen de la France et du Marché Commun, je peux naviguer comme et quand je veux en R.F.A., et dans son île Berlin-Ouest ! Je réponds : « Nein, drei, vier, fünf, Tagen !!! ». « Nein, nur ein Tag », m'est répliqué...

Alors, un éclair : et si, croyant passer à l'Ouest, je passais en fait à l'Est ? Je demande, désignant l'entrée : « West-Berlin ? ». « Nein ! », et il me fait, dégoûté, signe de reculer. C'est trop drôle, dans ce lieu-même où la différence entre l'Est et l'Ouest est d'une importance politique capitale, signe pour beaucoup de vie ou de mort, chargé d'une mythologie gonflée, croyant passer à Berlin-Ouest, je faisais des efforts démesurés pour passer à l'Est. Mais si d'ici, je passe à l'Est, c'est que je suis à l'Ouest ! Pourtant, tout autour, ces policiers, bonnets de poils, étoiles rouges, manteaux verts, ces murs verts, ces photos d'usine, cette absence de sièges et ces porte-fenêtres enveloppées d'aveugles rideaux marrons..

J'erre dans cette gare ! Curieux Ouest ! Je suis certainement à l'Est... mais la frontière mène à l'Est. Il doit bien y exister une sortie quelque part, dans cette gare nue ! J'explore. Dans une sorte de hall principal, froid, quatre départs possibles : deux séries d'escaliers qui descendent, deux autres grands escaliers montent. Je descends un des escaliers. Des couloirs de faïence. Un métro. Des quais. Des écriteaux, des directions. Mais où suis-je ? Où vais-je m'enfoncer si je prends le métro ? Je remonte. Toujours cette grande gare fonctionnelle et mystérieuse.

L'autre escalier qui descend. Encore des couloirs voûtés de faïence blanche et grise. Encore un métro ! Peut-être le même. Je longe les couloirs, et : un cul de sac. Je reviens. Je traîne toujours ma valise.

Ça fait bientôt une heure et demie que j'erre dans cette gare et je ne sais pas où je suis. Je remonte. La gare. Les flics, qui me regardent. Je choisis un escalier qui monte : les quais de la gare. L'autre escalier conduit aussi à une autre partie des quais, vides, longs rails et longs quais où quelques douaniers de l'armée font les cent pas. Je redescends. Aucune issue. Je redescends dans les couloirs du métro. Sur les quais, des gens attendent. Toujours simplement habillés avec des modes d'il y a dix ans à Paris. L'Est, visiblement ! Je ne sais plus. J'ai besoin de quelqu'un. Je m'approche d'une dame d'un certain âge, qui pourrait être ma maman. Je prépare une phrase en allemand : « Bitte, sprechen sie französich ? ». Elle me dit non, mais toute aimable (une bonne fée dans ce Conte de Fou), demande tout fort dans le silence de cette station de métro si quelqu'un parle français.

Ils s'approchent tous, m'entourent, me regardent — je suis blanc, fatigué, décomposé, idiot avec ma valise blanche. Une jeune fille s'approche : « Moi, parle français, je ». Je lui dis que je veux aller à Berlin-Ouest. Elle me dit : « Mais ici, nous sommes à Berlin-Ouest, à Ost-Berlin ». Moi : « Mais... alors, Berlin-Est, c'est West-Berlin ? ». Elle : « Oui. Et ici, Ost-Berlin, Berlin-Ouest ». Et le cercle de commenter en allemand. Je ne comprends plus rien. Ou plutôt je crains de comprendre trop bien ; je me suis trompé dès le départ : je voulais aller à West-Berlin, et West-Berlin, c'est Berlin-Est ! (En effet, le mot West est plus proche de Est et Ost de Ouest !). Je ne sais plus les langues.

La frontière à laquelle je me heurte là-haut est bien celle vers l'Ouest, et si on ne me permet qu'un jour de visite, c'est parce que j'ai un visa pour l'Est (West ! West-Berlin !) et non pour l'Ouest (Ost). Je n'ai aucune idée des droits internationaux. Je n'y comprends plus rien. Mais je me trompe : la jeune fille m'a dit que j'étais à l'Ouest, ici. Mais elle se trompe : c'est visiblement l'Est, ici. Les images codées sont certaines. Je m'étouffe. J'ai alors très peur. Je ne sais vraiment plus où je suis. Je ne sais plus ni où est l'Ouest, ni où est l'Est ; ni surtout comment se disent « Ouest » et « Est » en allemand... Pourtant il faut que je trouve une douane (obsession : mon passeport n'a pas été tamponné, j'ai toujours mon visa de transit à la main : je ne suis pas en règle !). Je veux la rassurance d'une douane. Je ne vais pas tourner en rond dans cette gare nue, au milieu de gardes qui ne me comprennent pas. Je ne vais pas de nouveau me heurter à cette douane qui va vers je ne sais plus où ? Il me faut une sortie, une sortie... « Ausgang ! » me revient en mémoire.

J'avise un gros porteur à moustache, qui a l'air, lui aussi, *rassurant !* Moi : « Bitte, Ausgang ! ». Lui : « Nicht Ausgang » (Pas de sortie). On ne peut pas sortir de cette gare ! Sans doute je suis en train de rêver encore dans le calme de la nuit de l'Est.

Je m'affole de plus en plus. Je m'énerve. Le gros porteur — très paternel — me prend le bras, me dit « Sei Ruhig » et ce sont les mots du père dans « Le Roi des Aulnes », de Gœthe, qui calme son fils malade et bientôt fou. Il faut que j'aille quelque part. N'importe où ! Mais comment se dit « ouest » ? La fille du métro s'est-elle trompée, quand elle prétendait que ça se disait Ost ? Je choisis.

Je choisis d'aller à West-Berlin. Jusqu'au bout. Tant pis si c'est vraiment l'Est. Mais au moins une sortie ! « West-Berlin ! West-Berlin ! » Je hurle. Alors le porteur me dit quelque chose en allemand ! Je comprends (ou crois comprendre) : vous devez aller au zoo ! Il m'écrit même « Zoo » sur une vitre sale, avec son gros doigt. Je deviens fou ! Les signes sont déréglés. Je ne veux pas aller au zoo ! Sei Ruhig mein King. Et il me prend par le bras, et me monte sur le quai de la gare. Je ne veux pas aller sur les quais, je veux sortir de cette gare ! Sur les rails, un petit train rouge, vide. Me tenant toujours, il me pose à côté du conducteur. Et il lui dit (je crois comprendre) de m'amener au zoo. Quel zoo, quel Goulag ? Le conducteur du train rigole.

Et fait démarrer cet étrange petit train rouge et vide. Vers le zoo ! En une ville inconnue où je ne sais plus comment se disent les choses. Une voie ferrée aérienne ; on passe, je le reconnais — miradors, barbelés — le fameux mur. Mais dans quel sens ? Vers l'Est ? Vers l'Ouest ? Quatre stations après, il me dit de descendre. Une gare. Mais où ? Je file, je fuis.

Ausgang. Sortie. Vite, une douane que je sois en règle, que je signifie de nouveau quelque chose ;

qu'on me tamponne, qu'on me retire mon visa de transit. Une sortie, un hall, pas de douane. Je suis encore à l'Est ? Un marchand de journaux ! Je m'approche, je m'approche... Je vois : « Playboy » !

II

En fait, cette histoire est très simple. La gare de Friedrichstrasse, où j'errais, se trouve bien en territoire Berlin-Est, mais avant la douane qui barre la sortie de la gare. C'est par cette gare-douane que l'on entre à Berlin-Est. Bien sûr, j'aurais dû descendre du train avant, à la gare principale de Berlin-Ouest, la gare du Tiergarten, le fameux « Zoo », mais il n'était pas « anormal » que je descende à la dernière limite, juste avant la douane. Il ne me restait plus qu'à revenir sur mes pas — et c'est ce que j'ai fait —, prendre le métro aérien, le petit train rouge, et descendre où je voulais dans Berlin-Ouest. Einreise nach D.D.R. veut bien dire : entrée en Deutsch Democratische Republik (R.D.A. en français). Le contrôle Est-Ouest, je l'avais simplement passé en descendant du grand train.

Mais l'important, dans cette banale petite promenade, est que j'errais dans un espace que je ne comprenais pas, cherchant à le signifier, le signifiant de *travers,* et ceci dans le lieu le plus bouillant, le plus mythifié de l'histoire contemporaine. Et si j'ai raconté cette histoire, c'est parce qu'elle me semble donner à lire ce qu'est l'écriture.

Le drame de toute personne qui obsessionne sa vie sur la passion de manier le langage pour essayer de dire (ou dire qu'il ne peut dire) vient de ce que le reste du monde existe tristement avant lui, hors de lui.

Cet espace réel, Berlin, dans lequel, candide Fabrice à Waterloo, je débarquais, possédait son sens objectif, toute la situation politico-géographique de l'Est/Ouest, sa logique et sa déontologie frontalière. Ce sens, je l'ignorais. Ou plutôt je le connaissais (sinon je n'aurais même pas erré) mais j'ignorais son *ordre*. Alors, comme pour manier la langue dans le monde, j'effectuais, moi aussi, une *scandaleuse traversée du réel*. En effet, quoi de plus scandaleux que de prendre l'Ouest pour l'Est, et, *surtout à Berlin,* l'entrée en Allemagne de l'Est pour l'entrée en Allemagne de l'Ouest ; alors que là, justement, il ne faut pas se tromper de sens, alors que là, justement, tant de gens sont morts à ce mur.

Je resignifiais l'espace. Je perturbais un espace. Mais cette perturbation se déroulait par ignorance, par inconscience (ce qui redouble son scandale !). Et quand j'écris, usant la langue, j'éclate cette même traversée fulgurante et scandaleuse, entre les signes du réel. Mais que devenait le réel, sinon ce que je lui faisais dire ? Ce que j'inscrivais sur le réel, lui donnait, pour moi, sa *réalité*. Ecrire, c'est essayer de tuer le monde. Finalement, Berlin, je l'ai posé comme insignifiant (j'y allais avec insouciance !) puisque je me suis permis de lui donner un autre sens, une autre réalité. D'où le sentiment de folie quand le monde s'est mis à me résister. Quand mon écriture s'est mis à ne plus coller avec ce qui se passait en dehors de moi. Importante folie. Quand ma langue ne fut plus celle des autres (Est = Ost, est = West ?).

Ecrire, user le langage, est bien cette scandaleuse folie qui prend une partie agissante du monde — la langue — pour le perturber, en changer l'ordonnancement, ou pour croire le révéler, ou pour se révéler le perturbant ; et effectivement, quand on se révèle, la folie, « l'ordre du décalage », se montre, se nomme.

Ecrire figure bien le scandale de prendre paradoxalement (*) l'Allemagne de l'Ouest pour l'Allemagne de l'Est, de ne plus savoir où l'on est, de se réfugier dans un discours, une errance névrosée à travers le monde, saisissant avidement tous ses signes (Est, Ouest), ses mythes (la liberté, la police), et son langage, mais dans un sens imposé par la propre logique endormie de faire du discours somnambule (c'était le petit matin !). Et mon ton, ma langue un peu lente et redondante est bien celle de quelqu'un qui se perd dans une gare.

Mais ce que j'inscrivais sur la dangereuse tranquillité quotidienne de la Friedrischstrasse, cette traversée scandaleuse (cette écriture !) n'a pas fait bouger d'une pouce les murs de la gare, les policiers, le « Mur », l'Est ou l'Ouest, n'a pas réveillé les morts tués parce qu'ils savaient, eux, dans quel sens ils s'échappaient. Inutilité d'écrire ? Il aurait fallu que je me *vende*. Je veux dire : que je me mette à crier à tous ceux qui entraient à Berlin-

(*) Voir : « L'écrivain, l'anti-écrivain et le pseudo-écrivain ».

Est (Einreise nach D.D.R.) : « vous allez à l'Ouest ! vous allez à l'Ouest ! », jusqu'à ce que un énorme doute s'effiloche dans leur ventre, qu'effectivement Berlin-Ouest, par l'impact possible de la langue, devienne Berlin-Est, qu'on me mette dans un asile d'aliénés en Sibérie pour que je me taise.

III

Muet, après avoir *vécu* l'écriture, j'ai donc assisté, pendant deux jours et demi, au « *Premier Congrès des Associations d'Ecrivains Européens* ». Berlin, entourée d'un mur, perdue au milieu d'un *ailleurs,* est un moëlleux divan où facilement se disent les inconscients. Me touche qu'on ait parlé de l'état d'écrivain justement dans cette ville, enfermée sur elle-même, dans cette ville neuve, fleurs de béton brillamment poussées sur un humus historique, présent et traumatisant (Hitler !). Dans cette île coupée au milieu d'une *autre* réalité, dans ce lieu clos où la concentration d'énergies, de haines et de traumatismes politiques anime une agitation des cervelles, une urgence de penser, mais aussi une *clarté* due à cette nette cassure.

Je n'écrirai pas ici les dits, les actes, les propositions émis dans cette salle des conférences internationales du Kongresshalle où par-dessus la voix de celui qui parle, on entendait, avec un écouteur fiché dans l'oreille, la voix de l'interprète annonant, avec retard, sans comprendre ce qu'elle dit. 18 pays européens représentés, prises de contact, exposition des respectives situations de l'écrivain, etc.

Ce qui importe, c'est ce qui plana entre tout ça, cette question, pas une seule fois formulée, mais toujours présente : « *Ecrire est-il un métier ?* ». Car si les écrivains se groupent en associations ou en syndicats (si, mieux, ils font des congrès internationaux de ces associations et syndicats nationaux), pour défendre leurs intérêts, dans (contre !) le système marchand du livre, pour « mieux vivre » (financièrement et moralement) de leurs écrits, cela sous-entend qu'ils considèrent leur écriture, non seulement comme un travail, mais aussi comme une profession, un métier, une façon de vivre socialement, de gagner de l'argent pour l'échanger.

Quel rapport l'écrivain, dans une société industrielle menée par le pouvoir du capital des banques, doit-il entretenir avec l'Etat (reflet du capital et de ses banques) ? Face à une profession organisée, face à une industrie organisée, l'écrivain doit-il se « mettre organisé », se responsabiliser collectivement ? Se concevoir professionnel ?

Et significatif fut le titre d'une communication d'Hannes Schwenger (1) : « *Pouvons-nous à la fois être organisés et créatifs ?* ». (Toujours cette même question : « écrire est-il un métier ? », répétée, annoncée sous diverses hésitations). Au début de cet exposé, on a pu entendre : « L'Allemagne du 3e Reich a connu en effet l'organisation forcée de la Reichsschrifturnskrammer qui prétendait décider de ce

(1) Ecrivain allemand. Auteur de « Schifsteller und gewerkschaft, uberbau, Organisation ».

qui pouvait être écrit ou imprimé. Les meilleurs auteurs allemands en ont été longtemps traumatisés, au point que les principaux groupes littéraires de l'après-guerre, par exemple le groupe 47, était fier de ne pas avoir d'organisation ».

Oui, là, à Berlin, dans ce foyer au centre même du combat, d'où s'entendent et se vivent le mieux les bruits et les influences des luttes (le mai 68 de France est historiquement une suite d'un feu allumé à Berlin quelques mois avant), là, à Berlin, la question « écrire est-il un métier ? » ne pouvait être posée que *politiquement*. Pas uniquement une question corporatiste, ou technique ou financière. Et quand Hannes Schwenger parle de l'humus de Berlin (le 3e Reich et son « organisation »), il ne peut pas ne pas penser *aussi* (ou par anti-thèse, ou par crainte de ressemblance !) à ce qui se passe à quelques mètres de là, *de l'autre côté,* où les écrivains sont aussi (sur des bases différentes) organisés, où écrire est un métier.

Cette interrogation est politique. Elle veut dire pour qui ose se regarder en face : quel est l'avenir de l'écrivain et, *donc,* quel type de société et d'économie voulons-nous construire ?

A cette question, il y a trois types de réponsc.

Première réponse : l'écrivain est, par définition, un individualiste, un « à part », dont le rôle sera une éternelle transgression, un éternel cri, un éternel envers de la face commune de la monnaie de l'histoire. Le poète est toujours le maudit, celui qui marche dans l'autre sens ; seul et rare élu capable de toujours retourner l'ongle de la conscience tranquille. Hors de la société, il en est le ricanant, le tragique bouffon : écrire n'est donc pas un métier, mais, essentiellement une fraude.

C'est la conception banale, commune, de l'écrivain, de « l'artiste », celle que, d'ailleurs, j'ai vécue, errant dans une gare impossible, l'image idéaliste et mythique de l'artiste comme génie, sur-homme, subversif pur. Ce statut de non-statut fonctionne comme degré zéro de toute réflexion sur l'état d'écrivain.

Idéologie romantique de l'écrivain ! Cette idéologie se portait bien du temps de certains rois, plus ou moins éclairés. Mais la bourgeoisie, et ses désirs démocratiques, contribuèrent à brouiller cette image, sans l'effacer complètement. Le livre devenant un marché, une économie qui se répercute dans toutes les classes, une circulation codée et rentable, une industrie, l'écrivain fut lui aussi obligé de resserrer son statut, d'insérer son errance et sa transgression, autrefois admises comme coquetteries amusantes, dans une prise de conscience et surtout dans une mise en valeur marchande. Puisque chaque classe, chaque profession se révélait comme productrice de valeurs (souvent opposées), l'écrivain, lui aussi, rentra dans le corps des travailleurs, et officiant, demanda des droits : revenus, salaires, pourcentages importants, sécurité sociale, caisse de retraite, etc. Mais, cela, toujours *dans* une économie qui reconduit un système idéaliste de référence. Et donc, il se range, sans abandonner pour cela son image et son désir d'être un « hors-de-subversif ».

Alors les écrivains d'un système de capital, de

libre marché, de libre échange, restent au centre de contradictions indissolubles.

— Pour entrer dans l'histoire de la littérature, il faut faire preuve de métier (responsabilité de l'écriture, connaissance scientifique de l'histoire et prise de position, « savoir-faire », etc.) (*). Donc, *c'est* techniquement *un métier*, avec ses obligations et ses impératifs (être dans l'histoire de la littérature).

— Le système de production et de diffusion des livres veut que tous ne peuvent être rentablement (pour l'auteur et l'éditeur) vendus : donc ce *n'est pas* économiquement *un métier*. En France, seul une cinquantaine d'écrivains peuvent vivre de leur écriture.

— Les écrivains restent toujours en leur pratique quotidienne imprégnés de ce toujours vivant mythe minimal de l'état d'écrivain que l'idéologie bourgeoise reconduit bien : un éternel subversif, solitaire et génial, essentiellement à contre-courant et « hors-de ». Dit « libre ». Donc écrire *ne peut être un métier.*

— Enfin, l'écrivain aspire à un statut reconnu, à pouvoir vivre de sa machine à écrire, sécurité sociale et tout le bataclan. Donc *aspire à être un professionnel exerçant un « vrai métier »*.

Contradictions totales. Qui font qu'un syndicat d'écrivains ne peut être qu'un *mime* d'un syndicat de travailleurs et en même temps se veut d'exister (**). Qui font que l'état d'écrivain ne peut être

---

(*) Voir : « Le manuscrit refusé au lecteur ».
(**) Voir : « Appendice III ».

qu'un *mime de métier,* mais en même temps un *désir de métier.* Cette errance, cet état de contradiction — qui d'ailleurs peut être agréable, en tout cas motif de luttes et d'excitation — ne peut se résoudre dans le système économique européen, américain... En France, l'Union de la Gauche au pouvoir ne pourrait que faire avancer le désir et accentuer l'état de *mime de métier* sans pour autant changer le corps du problème.

Et je repense à moi entre Berlin-Ouest et Berlin-Est. J'étais vraiment écrivain, dans un no mans' land de contradictions décalées. Dans une gare d'où je ne pouvais sortir (métier mais pas métier vrai cependant métier mais pas tout à fait métier !) me heurtant à un mur... Comme un insecte à la lumière : désir et peur.

Car de l'autre côté du mur, c'est la seconde réponse.

Et à Berlin, nous, représentants des écrivains d'un monde sans doute ironiquement appelé libre, vivants de contradictions que nous n'osions même pas dire, nous étions *entourés* de la seconde réponse (savez-vous que Berlin-Ouest est non seulement entouré d'un mur, mais aussi de champs de mines ? Voilà de quoi raviver nos cœurs !).

La seconde réponse : oui, écrire est un métier. Réponse des pays de l'Est.

Comme l'écrivain français (ou d'autres pays du même type) l'écrivain des républiques socialistes de l'Est est soumis à des déterminations, des impératifs, des encadrements précis. Ce ne sont pas ceux d'une vague idéologie de la littérature, d'une nécessité de se situer dans l'histoire du développement de l'écrit, mais ceux, plus politiques, plus rigoureux de la ligne d'un parti. Evidemment les conséquences d'un refus de ces déterminations sont plus dangereuses, mais quel terrible Goulag que la tristesse d'un écrivain raté.

Et une fois passés ces examens plus rigoureux, l'écrivain devient professionnel. Fonctionnaire. Moins de livres publiés. Pas d'inflation. Gros tirages assurés. Fins de mois sans problème. Sécurité.

D'ailleurs, après mes errances du petit matin, je suis retourné à Berlin-Est, là sachant où j'allais, le sens retrouvé. J'ai rencontré des écrivains officiels Est-Allemand. J'ai vu un pays propre, calme, serein, conscient, agréable. Oui, je dis bien agréable. Mais, sans doute, quels terribles tremblements souterrains... Mais que sais-je exactement du statut des écrivains dans les pays de l'Est ? Rien ! Des banalités ! Mon insouciance est scandaleuse. J'erre toujours dans une gare. Ce texte est bien l'étalement d'un savoir hésitant. Mais pourquoi devoir se taire quand on ne sait pas ? Ma vision d'un écrivain de l'Est est celle de nos lieux communs. Et, à la limite, n'est-il pas plus intéressant de travailler sur des images bien codées, sur des croyances naïves mais fonctionnantes, plutôt que de prétendre démystifier et croire « dire plus vrai » ? Ce texte est bien l'étalement de quelques mythologies symptomatiques d'un intellectuel.

Le statut de l'écrivain dans les pays de l'Est semble calme, propre, tranquille, apparemment sans contradiction. Oui, mais quels terribles questionnements souterrains ! Car, écrire doit-il être un métier ? Car... la division du travail ! Car... c'est la bourgeoisie (au pouvoir certainement dans les deux Berlin) qui valorise l'état de métier, le droit au métier.

Berlin, lieu le plus pur et le plus aveugle de l'affrontement manichéiste de deux puissances (l'Ouest, l'Est), est quand même inconsciemment traversé par une diagonale qui balaie le château de cartes ; un mythe sans doute : la « Chine ».

La Chine n'existe pas pour l'occident. Du temps de Mao, elle n'était (le savions-nous ?) que la concentration fantasmée de nos espoirs sur un monde nouveau. On y mettait tout ce qu'on souhaitait y voir, et tout ce qu'on souhaitait réaliser chez nous, sans trop y croire, peut-être. La Chine, c'était l'Utopie réalisée. Et quand on allait vérifier, on se mettait « aveugle ». Aujourd'hui, Mao mort, nos mythes deviennent mythiques, et on assiste au jeu ridicule des fils se partageant les domaines du Père (On croyait qu' « il » ne l'était pas...), à une histoire compliquée qui ressemble trop aux derniers actes d'une tragédie grecque pour que nous croyions encore à un « nouveau monde ».

Mais, pas dupes, maintenant, nous pouvons continuer à la rêver, ou du moins à appeler « Chine » une solution de nos espoirs, une traversée nouvelle des systèmes existants.

La troisième solution. Ne pas continuer à s'aveugler sur chacune de nos contradictions (l'Ouest), ni feindre de les aplatir (l'Est), mais les étaler bruyamment, et c'est la « Chine ».

En « Chine », écrire n'est pas un métier. Pas d'écrivains professionnels, tout le monde peut écrire sans se croire merveilleusement anormal.

Cet acte devient la continuation, le lien, d'autres métiers, eux-mêmes (théoriquement) non divisés ; une continuation, donc toujours une *avance, une approche subversive* vers l'avenir. La littérature n'est pas une technique spéciale close dans un monde à part (l'objet livre) mais un lien collectif aux choses, une caresse qui change le réel, une aventure non-spécialisée. Il n'y a heureusement plus d'histoire de la littérature en « Chine », ne reste vivante qu'une histoire multiple écrite par tous : affiches murales, poèmes-enseignes, théâtre collectif. 300 millions de poètes.

Mais je fantasme : je suis deux mille ans avant la « Chine » de mes rêves. En France, 1977, en pleine préhistoire (ou peut-être en pleine Chine réelle).

Alors comment faire, ici, au milieu des dinosaures, et des pluies antidiluviennes, pour qu'écrire ne soit plus se couper des autres, pour que l'écrivain échappe au « mime de métier » ? Rien. Attendre les crises. Attendre l'âge adulte. Peut-être en préparant le terrain, en devenant « anti-écrivain » (*).

A l'Est ou à l'Ouest, l'écrivain, toujours « artiste », reste enfermé dans son plus grand plaisir : son inutilité. Aucune nécessité ne le légitime, surtout pas celle, crétine, du « supplément d'âme » !, même pas celle (ou rarement celle) de rapporter de l'argent. Son impossibilité *et* son désir de « faire métier de pleine droit », ne font que prouver qu'il est

---

(*) Voir : « L'écrivain, l'anti-écrivain et le pseudo-écrivain ».

en trop. Ecrire n'est pas « normalité » comme en « Chine » (cette folie !).

Et voilà sa plus grande jouissance : toujours le bâtard terrible. Le bouffon : le trop-plein du roi. Si nous travaillons à devenir professionnels à part entière, ça ne fera que renforcer notre orgueilleuse étrangeté. Car si nous devenons professionnels, nous ne serons alors que des travailleurs émigrés, toujours étrangers (*).

A la gare de Friedrichstrasse, j'étais un étranger sans lieu. Etrangers, nous le serons, étrangers aux autres, nous le resterons, tant que tout le monde n'aura pas le droit de donner à voir cette opération si commune : écrire, dessiner, peindre... Et aujourd'hui, c'est notre seule possibilité dérisoire : travailler à faire reconnaître notre statut d'étranger. En attendant la « Chine ».

Il faudra du temps, encore, avant qu'il n'y ait plus « d'artistes » ; ou du moins avant que tous les fous n'aillent plus en asile ou dans des maisons d'édition. C'est-à-dire avant que je n'erre plus dans une gare d'où on ne peut sortir, rebâtissant le monde par mes pas, par « l'autre sens » que j'impose sereinement au réel invisible et flottant, prenant l'Ouest pour l'Est.

(*) Voir : Contre quel lecteur taper des mots sur du papier ? ».

7

LE OUI-LIVRE, LE NON-LIVRE ET LE TROP-DE-LIVRES

(*pour une voix de basse profonde*)

I

Trop rapidement, et en fermant les yeux pour ne pas tout voir : après la guerre de quarante (et pour ne pas remonter au déluge de 1914) se dessinaient, en France, des blocs nets, des fractions précises, des luttes tranchées, des positions claires, des classes combattantes ; une histoire avait l'air de s'exciter. Ces haines latentes ont éclaté dans cette sorte de mime fondamental de révolution qu'ont été Mai 68 et ses suites (1969 à 1973). Cet éclatement, qui ne s'est pas terminé par un renversement effectif du Pouvoir et des valeurs, cette explosion, dans le mélange, les chocs de ses tirs et de ses « non-dits soudain dits », a opéré un processus de brouillage : aux lieux et places des positions nettes, tranchées et antagonistes, on assiste à un vague entrelacement, une sournoise interpénétration des motifs, des idées, des pratiques d'un camp à l'autre.

Giscard reprend (mais pas vraiment) des thèmes, des tics gauchistes (pour l'avortement, dîner chez les « prolos »...) ; Mitterrand a l'air (mais pas vraiment) de plus en plus conservateur au fur et à mesure que Giscard maladroit et les fuites adroites des capitaux à l'étranger lui offrent un trône vermoulu ; Marchais ne fait plus peur aux curés ; l'extrême droite flirte (mais pas vraiment) avec des ex-positions d'extrême gauche ; des anciens gauchistes brandissent le drapeau blanc d'un retour à la métaphysique ; les banquiers sont inscrits au P.S. ; les flics font grève ; la petite bourgeoisie mime le prolétariat, ou joue la vie de bohème ; et les chauffeurs de taxi parlent de Jacques Lacan.

On peut dire (mais pas vraiment) qu'il n'y a plus de gauche, ni de droite aux idées fermes, ou que ça se joue uniquement dans la politesse de quelques voix électorales de plus ou de moins. Les idées, les pratiques ont volé ; et ont été volées.

Ce qui donne l'impression que plus rien ne se passe en France, qu'Elle (la maîtresse de Michelet) est une belle au bois endormie. Mais quel nerf de bœuf d'une autre histoire donnera violemment le baiser du prince charmant ?

En tout cas, on sommeille. Et tout sommeil s'occupe de ses rêves. On parle culture, ou, au mieux édition. Et les somnambules qui planent dans les salons saucissonnent depuis quelques temps sur le « livre » et le « non-livre ». Je m'étonne.

Le livre (que je vais appeler le « oui-livre », par opposition au « non-livre ») serait une chose de sang. Le non-livre, un poids vendable de papier.

Le oui-livre. Quelqu'un : une combinaison active et unique de rêves, de salaires, de positions sociales, de sang et d'inertie. Quelqu'un écrit. *Ecrit* pour des raisons difficiles (impossibles) à connaître, non pas parce qu'elles sont trop secrètes ou enfouies, mais parce qu'elles sont, au contraire, trop *visibles :* la connexion et l'entrelacement des causes, des motifs, des pulsions *s'étendent trop,* pour que l'œil étroit de l'analyse puisse les connaître en ensemble cernable. Quelqu'un donc écrit, et ce dans un engagement total de lui ; on dira : c'est une question de vie ou de mort ! Une terrible urgence. Et ce quelqu'un serait alors le « poète », celui qui crée, à partir d'éléments très simples, l'œuvre nouvelle, unique qui aussitôt se détache de son origine, la dépasse, la transgresse, la renature, comme si elle ne venait de rien. Les poèmes de Rimbaud, les Chants de Maldoror, La Chartreuse de Parme, Ulysse, Histoire de l'œil... Des urgences trop étendues qui dépassent celui qui écrit. « Comment nous attacher à des livres auquels, sensiblement, l'auteur n'a pas été *contraint* », disait Georges Bataille.

Le non-livre. Des œuvres qui ne sont pas, pour l'auteur, une urgence profonde, une contrainte. Les non-livres, qu'on dira plus « commerciaux ». Toujours selon ce découpage des choses : 80 % de ce qui s'édite actuellement. Les raisons de leur production paraissent plus cernables pour l'œil de l'analyse : les connexions et l'entrelacement de leurs causes, motifs ou pulsions sont moins étendus, moins immenses ; visibles. On écrit vite sur un phénomène d'actualité, sur un personnage déjà « en vue », ou sur des nécessités quotidiennes. Du catalogue de la Redoute à « Comment ne pas mourir jeune », en passant par les aventures de Simone Signoret, ou la vie intime de Françoise Claustre chez les Toubous, ce qu'on appelle, dans les salons, les « non-livres », occupe bien une grande partie des librairies. Et ils se vendent mieux, c'est vrai, que les oui-livres ; ils s'accrochent sur une réalité plus préhensible au regard pressé ; ils sont plus immédiatement utiles et oubliables qu'une simple et difficile contrainte d'écrire, ou qu'une évidente et douloureuse nécessité historique de retourner les cervelles.

Vive le oui-livre, mort au non-livre, puisque pour se réveiller il faut se battre, faire du vent aux moulins ? Ce dualisme, ce manichéisme repose bien trop sur la naïve et métaphysique croyance en l'opposition profondeur/surface réglée par un Dieu tranchant du glaive. Bien sûr, il y a une nette différence dans nos réseaux intimes, entre se sortir des mains un nécessaire texte, une énergie, et vite fabriquer un reportage superficiel sur la dernière histoire de cul de l'Elysée. Bien sûr, il y a une nette différence dans les réseaux du marché entre ces deux livres ; l'un se vendra lentement, il creusera lentement une renommée ; *il restera.* L'autre se vendra vite, sera vite lu et oublié ; *il ne restera pas.* Oui, mais pourquoi appeler l'un livre (oui-livre) et l'autre non-livre ? Pourquoi indirectement privilégier dans la qualité l'ouvrage profond, sinon parce que, depuis longtemps, les différentes églises et la peur de la mort changeante ont ancré dans nos cervelles (trop dures pour réfléchir) l'idée fausse que la profondeur était plus qualiteuse, plus vraie que la surface ; que celui qui laisse sa trace, qui perpétue, qui creuse lentement son sillon, était plus *valable* que l'insaisissable comète ! Rien dans la réalité ne privilégie le durable. Seul s'expérimente l'éphémère, et le mythe durable n'est qu'un fantasme peureux. Mais qui fonctionne bien (*).

En fait, si l'attachement secret, le lieu commun, l'idéologie privilégie la profondeur, le marché, lui,

(*) Voir : « A quoi peut bien servir la critique littéraire dans les quotidiens et les hebdomadaires ? ».

privilégie le rapide superficiel. Un livre jeté sur l'actualité se vend si rapidement et facilement, et rapporte si facilement et rapidement de l'argent ! Il faut produire, quand on est éditeur, et vite débarrasser les librairies des anciens livres (ceux du mois dernier), les remplacer : c'est le système des livres à « rotation rapide » ; c'est la société de consommation, dira-t-on finement. La société capitaliste se donne habilement une fausse image d'elle, pour mieux agir. Elle se fait taxer de conservatisme, amoureuse de vieilles valeurs. Alors que son ressort économique évident est le brassage, l'avance, le changement.

Dans son discours (culture ! culture !), le marché du livre privilégie le oui-livre, mais dans son fait, sa réalité financière, il privilégie le non-livre.

Mais voilà que tout se complique, *se brouille*. Ces notions de changement constant, de remplacement permanent, cette façon de considérer le livre (et la culture) non comme une profondeur, un durable, une pérennité, mais au contraire comme une surface, une chose à jeter, un éphémère, où l'auteur ne serait plus créateur (image de Dieu) mais simple scripteur dans une actualité changeante, où la « Poésie serait inadmissible », tous ces « fondements » du non-livre sont contenus (à quelques fondamentales nuances près) dans beaucoup de déclarations théoriques de ceux qui veulent une *autre* économie, une *autre* culture. Ne pas avoir la prétention de faire œuvre, d'être un auteur, voilà ce qui va (mais *caricaturalement*) dans le sens des idées révolutionnaires, ou taxées comme telles, d'il y a encore dix ans. Tout se complique alors si le marché capitaliste du livre va, dans son objectivité marchande, presque dans ce sens, même caricaturé.

Mais il est justement des moments de son histoire, dans lesquels le capitalisme (surtout en son stade actuel de libéralisme où l'enjeu est de brouiller les pistes pour mieux tirer les ficelles) *singe*, dans sa structure économique profonde, certaines pratiques que seule une *autre* économie devrait théoriquement produire. Le livre à rotation rapide singe, caricature la mort du mythe de l'écrivain génial et de la promotion sociale par l'écriture qu'une autre économie propose (ou croit proposer). Mais ce ne sont que des singeries : les non-livres sont peut-être non durables, jetables, critiquables et remodelables à l'infini (par accumulation) mais restent les marchandises d'un capital !

Et justement, là encore, une fausse piste : on croyait que la valeur marchande de l'objet résidait surtout dans son durable ; d'où la promotion, semblait-il révolutionnaire, de ce qui ne laisse nulle trace, de l' « invendable » (Happening, etc.). Erreur, l'éphémère est la grande marchandise d'aujourd'hui.

Singeries, mais attention au grand gorille. Le capitalisme est capable de tout, et de s'inscrire au Parti Communiste. Il intègre, il récupère, singe, et reconduit toutes les idées et pratiques qu'on croyait inadmissibles pour lui.

Alors, faut-il revenir en arrière, et *maintenant* théoriser comme révolutionnaire le livre classique de « qualité », l'œuvre profonde, géniale, écrite par un poète dans tous les sens maudits de ces termes ? Après avoir craché dessus, va-t-on acclamer la « création artistique » ?

Mais ne doit-on pas voir le problème de plus haut (ou de plus près) : que l'on privilégie, dans la culture, le durable ou l'éphémère, le profond ou le superficiel, ou que l'on privilégie l'un dans son discours et l'autre dans le fonctionnement marchand, c'est bonnet blanc et blanc bonnet. C'est le moment ou un autre d'une même histoire. L'éphémère et/ou le durable, ne sont que les deux faces de la même pièce de monnaie aujourd'hui périmée. Tant qu'il y aura des livres, feuilles mortes dans une couverture, qu'ils soient durables ou éphémères, écrits par des poètes croyant créer, ou par des scripteurs sûrs de leurs déterminismes, de leur relativité, c'est toujours la même histoire en sa dialectique vague et prévue.

Or, c'est radicalement une autre histoire qu'il faut jeter aujourd'hui en l'air. Car oui-livre et non-livre, là n'est pas le problème. On doit envisager la fin du livre : l'autre histoire.

II

Quand je rentre dans une librairie, je suis saisi par le trop-plein de livres, par l'accumulation hystérique de papiers. Devant chaque titre, je me demande pourquoi il est là, à quoi il sert, qui le lira, pourquoi l'avoir écrit ? Et je suis en train d'ajouter au tas ! Et chaque année, dans un petit pays ridicule comme la France, paraissent 22 000 titres nouveaux. Et pourquoi ? Pour qui ?

Est bien passé le temps où régnait le mythe de l'humaniste qui pouvait prétendre avoir fait le tour du connaissable et de l'état de la recherche sur la totalité du monde. Aveugle, sourd, hagard et boiteux, le mauvais conscient du XXe siècle erre dans des librairies folles où les livres ne sont plus que les atomes d'un décor surchargé. Et, s'il peut choisir, il en prend un, le paye, et fuit honteux de n'avoir pas lu le *reste.* Encore heureux s'il peut choisir, s'il ne renonce pas, préfère ne rien comprendre, plutôt que de comprendre qu'il a encore tout à comprendre. On rêve d'un livre unique et fondamental, où *tout* serait — comme le fut la Bible, comme a essayé de l'être le « petit livre rouge » — et qui, de par l'immensité de ses sens ou de ses provocations, couvrirait tous les discours possibles. Mais la « Bible » reste un mirage, et ne lui survit que l'émietté, les textes qui s'annulent, se répètent et disparaissent.

Le livre à rotation rapide a cet avantage qu'il laisse visiblement la place à d'autres ; mais reste dans une librairie, ce qu'on appelle le *fond :* l'indispensable, les nombreux, contradictoires, et sans doute inutiles indispensables. Et il est triste de découvrir, jaune et poussiéreux, sous un bout de rayon, mort dans l'attente de son ouverture, le cercueil d'un recueil de Ponge ; et encore, Ponge se vend quelquefois, lui.

Mais sur tous les titres publiés par an, 60 % (statistique faite avec mon nez !) ne seront lus que par deux cents, trois cents lecteurs. Quand on dit : c'est déjà ça, on oublie que ce n'est *que* ça.

Tout se passe dans une immense sélection progressive. Un entonnoir. A l'entrée, dans la grande ouverture, s'engouffre tout le flot des écrits envoyés pour être édités. Les postulants au concours d'entrée dans l'histoire de la littérature (*). Une grande maison d'édition, qui « sort » plus d'un livre par jour, reçoit des dizaines de manuscrits par jour. Une petite maison d'édition, qui publie deux livres par mois, reçoit au moins 5 manuscrits par semaine. Et il faut ajouter, dans les publications, la part des écrivains déjà connus, et « des écrits de commande »... Une armada d'individus sont pris « d'écrire » (comme on dit « de folie »). Le cri inconscient de la réussite par l'écriture fonctionne toujours bien dans les chaumières veillées par la télévision. Mais ce n'est pas un vice impuni. Car, à la sortie de l'entonnoir, après acceptation d'édition, après l'impression, après la distribution, *tout se passe comme si* il y avait encore trop de livres. Les reçus sont encore trop nombreux. Alors, pour ne pas écraser le lecteur, il faut le diriger vers certains titres : sélections venues du champ littéraire (critiques, prix, promotions libraires, publicités, etc.) ou d'autres champs (modes, flambées idéologiques, etc.) (**).

Autrement dit : les maisons d'édition ont beau publier, publier, engorger le marché, elles ne peuvent répondre à la demande d'édition, alors elles sécrètent, ou demandent à l'idéologie dominante de sécréter des critères de sélection, qui seront ceux

---

(*) Voir : « Le manuscrit refusé au lecteur ».
(**) Voir : « A quoi peut bien servir la critique littéraire dans les quotidiens et les hebdomadaires ? ».

de l'histoire de la littérature. Mais, le public a beau avoir tous les goûts, tous les désirs, être divers et classé, il ne peut répondre à toutes les offres d'édition, alors il sécrète, demande à l'édition *elle-même,* ou aux événements, de sécréter chez lui des modes, des désirs communs qui sélectionneront et grouperont ce qui sera massivement lu dans le trop publié.

Me trouble cette *monstrueuse déperdition d'énergie.* Bien que publiant peu, par rapport à la masse de l'écrit, l'édition produit une inflation. Devant sa propre inflation, sans pouvoir l'arrêter (pour raison d'impératifs économiques internes et sous *prétexte* de liberté d'expression) elle est obligée de créer ou d'espérer des freins à cette inflation, empêchant certains livres de marcher, promotionnant d'autres à l'excès. L'édition produit à la fois une inflation et un frein à cette inflation.

A examiner cela, on en viendrait à penser que trop de gens écrivent et que trop peu de gens lisent. Ce qui peut paraître absurde.

Mais à la réflexion, ce peut être une hypothèse. N'apparaît-il pas en effet, à quelques indices sentis d'ici de là, qu'on a aujourd'hui plus de plaisir à écrire qu'à lire ? L'œil lent que suppose la lecture serait aujourd'hui accaparé par trop de chocs. L'œil ne possèderait plus cette ennuyeuse discipline de suivre des lignes ; l'œil actuel s'agrandirait d'images, de bruits, de couleurs constamment changeantes.

Il nous deviendrait de plus en plus fatigant de lire ; et si nous lisons toujours, ça reste une habitude de tics ancestraux, répétés d'instincts. Qu'on ne s'abuse pas de ce que je dis ; je ne rabache pas cette crétinerie à la Escarpit de « l'audio-visuel » contre « le livre ». Lire fait partie d'un fonctionnement audio-visuel, un point c'est tout. Mais, *dans* l'audio-visuel, la lecture diminuerait, ne serait plus pour nous le meilleur moyen d'accrocher un langage et un processus de signification.

Tandis que resterait intact, et même multiplié, le plaisir d'écrire, de se faire plaisir en étalant des dessins sur le papier. A l'heure où les individus, compressés par une histoire d'interdits oppressants, éclatent comme des grenades mûres, la feuille blanche serait un bon divan, où il fait bon de se dire. Deux mille ans de christianisme nous auraient rempli d'encre sèche ; elle se diluerait aujourd'hui et se répandrait en jouissives coliques libérées. Tout le monde écrirait, s'écrirait (à défaut peut-être de pouvoir se dire). Qu'importe alors d'être lu. Qu'importe de lire, cette inutilité, qu'importe de vendre pourvu qu'on écrive, écrive... C'est une hypothèse qui expliquerait le trop-plein de livres et la nécessité de condensation sur certains (il faut quand même continuer, mollement, l'habitude).

Mais si on enlève cette hypothèse, comment expliquera-t-on le trop de livres et ces sélections ?

En regardant les choses vite (les grandes synthèses abruptes et jetées sont souvent nécessaires), on peut dire qu'au 17e siècle et au 18e siècle, tout écrit était publié, et tout écrit publié était lu. Je parle ici d'une généralité, tout bon élève me citera des exceptions. Le vase communiquant coulait bien. Peu de gens écrivaient, peu de gens lisaient ; ça se passait en famille, dans la même classe.

Aujourd'hui, dans un système économique complètement nouveau, dans un différent rapport entre les classes antagonistes, de l'ancienne circulation toute horizontale, on est venu à un brouillard vertical, à une interpénétration, souvent qu'apparente, des classes, modes de lecture, désirs et aspirations. *Mais la structure interne de l'édition est restée la même.* Et un énorme décalage, des foules de barrières s'érigent entre Ecrire/Publier/Vendre/Lire.

D'un côté, on voit une offre d'écriture de plus en plus différenciée, venue d'horizons, de voix diverses, de réseaux de discours et de sens de discours divers, de préoccupations et de désirs divers ; divers, contradictoires et irréconciliables (dans l'état actuel des rapports économiques). De l'autre côté, des demandes de lecture, des besoins eux aussi divers, venus eux aussi de zones diverses, d'origines diverses et irréconciliables. Entre les deux : un étau, un étroit et unique tuyau centralisateur qui bloque cette pluralité d'aspirations pour les faire entrer dans une voix unique et étroite.

L'édition a beau se différencier (édition de littérature générale, livres techniques, livres pour enfants, d'actualités, de classe, polars, sexe, etc., etc.), elle canalise encore mille fois trop, elle centralise encore mille fois trop, elle compresse, elle étouffe. Elle ne répond plus à l'offre (ou à la demande) d'écrits, ni à la demande (ou à l'offre) de lecture. Alors, trop étouffante, trop confinée sur elle-même, elle se trouve dans l'obligation de canaliser aussi la lecture, en produisant des sélections, en groupant les désirs de lire sur des lieux choisis et peu nombreux.

Il n'y a pas trop de gens qui écrivent, il n'y a pas objectivement trop de livres. Mais les maisons d'édition sont trop centralisées : presque toutes compressées à Paris, leurs différences de spécialités sont réduites, elles ne sont pas assez variées, pas assez différenciées, elles publient toujours toutes le même discours (et celui de la même classe). Et les livres sont offerts aux lecteurs toujours, dans les mêmes centres, dans les mêmes vieux circuits, dans les mêmes lieux sociaux (librairies, bibliothèques) (*).

Il faut, pour de nouveau mettre l'écriture *en face* de la lecture, émietter l'édition et la distribution dans l'espace, dans les différents types d'écritures et de lectures. Multiplier les *autres* maisons d'édition publiant des choses qui échappent à la centralisation et au ton de la littérature officielle. Trouver de nouveaux débouchés aux livres, de nouveaux points où les mettre en vente, en vie. Alors qu'il ne soit plus question de oui-livre et de non-livre.

Allons plus loin : je ne suis plus sûr que, vu la pluralité des types, des modes et des voix d'écriture, vu la pluralité des façons de classe de lectures, le livre — objet renfermant des signes les uns après les autres dans une couverture — soit un média approprié, encore valable aujourd'hui.

Trop de manuscrits restent invisibles (**). Trop de gens ne lisent pas. Le livre n'est plus le bon support des chocs signifiants écrits. Le livre ne suffit plus. Regardez : l'écriture s'étale hors du livre. Regardez : réclames, panneaux publicitaires, couvertures de disques, sous-titres au cinéma, généri-

---

(*) Voir : « L'écrivain, l'anti-écrivain et le pseudo-écrivain ».

(**) Voir : « Le manuscrit refusé au lecteur ».

ques à la télévision, graffiti, signes de circulation... Regardez : une ville est traversée d'écriture ! Ce qui d'ailleurs scandalise beaucoup de gens qui se sentent agressés dans leur cécité. Ils préfèrent s'aveugler sur des livres qui fonctionnent, en l'intimité du petit geste de les ouvrir, comme ces masques de vieilles fêtes posés sur les visages des duchesses ratatinées.

Maintenant, il faut apprendre à dessiner des mots ailleurs que sur des papiers reliés dans des objets fermés. Mais alors, écrire ne sera plus synonyme d'être lu et de vendre ? Encore une traverse scandaleuse dans les creux, les tombes de l'économie actuelle et de mon discours ? La percée d'une aiguille dans le vieux corps.

Bientôt, il n'y aura plus de livres, et on trouvera le plaisir d'écrire et de lire.

APPENDICES

(échos de quelques actualités)

I

ACTES RELATIFS
A LA NAISSANCE D'UNE MAISON D'EDITION (1)

J'ai rencontré Jean-Edern Hallier le 23 juillet 1974, à Salies-de-Béarn, tout à fait par hasard. Dès notre première conversation, le problème est nettement posé : les écrivains sont aveugles sur l'édition et la distribution des livres. Hallier écrivait *Chagrin d'Amour*. Il me disait : « Des bruits sans fondements courent, j'aurais détourné de l'argent au Chili ; de ces mensonges, je vais faire une fable politique : dire que c'est vrai et expliquer pourquoi ! ». Ravigotés par quelques idées de « distanciation », nous convînmes que ce serait drôle !

Un mois et demi après, on se retrouvait à Paris. Quand Hallier écrit, c'est ouvertement : devant des gens qui commentent, conseillent. Il me demanda d'être son implacable public. Je fus l'assistant écrivain de *Chagrin d'Amour*, suggérant des corrections, des montages. M'inquiètaient quelques fulgurances politiques qui choquaient mes idées reçues. Je découvrais un « homme public », qui ne peut vivre

(1) Article paru dans le « Magazine littéraire », d'avril 1977.

que dépossédé de toute intimité, de tout calme, de toute pondération.

Les Editions du Seuil attendaient *Chagrin d'Amour*. Hallier voulait le Goncourt. On était début septembre. La date limite de parution d'un livre pour le Goncourt était le 10 octobre. Et *Chagrin d'Amour* n'était pas terminé ! Le Seuil qui, sans doute, jouait la carte Hallier pour les prix, commençait à s'inquiéter, à chercher d'autres poulains. Chaque jour, je portais de nouvelles pages tapées à Claude Durand (directeur de la collection « Combat ») qui lui aussi corrigeait, s'énervait.

Je m'étonnais qu'Hallier veuille le Goncourt avec tant de fougue. « Fini l'âge de la marginalité, me répondait-il ; on ne peut lutter contre le phénomène de récupération qu'en s'y situant, au centre même ! ». Mais, vers le 16 septembre, le Seuil décidait de ne sortir Hallier qu'en janvier. Fini le Goncourt.

Alors, dans ce moment, revint chez moi une vieille idée germée dans la tête mal à l'aise d'un sage écrivain de chez Gallimard : fonder une maison d'édition, et différente de par sa structure, de par sa distribution. Jean-Edern hésite. J'insiste. Le 17 septembre, je vais voir Hervé Bazin entre quatre yeux, je lui demande : « Hallier, Goncourt possible ? ». Lui : « J'aime *Chagrin d'Amour*, mais je ne crois pas ». Je retourne chez Jean-Edern, je lui dis : « C'est possible ! ». Renaissent les éditions Hallier, autrefois éditrices de *L'Idiot international.*

On fonce. 23 septembre. Plus que 16 jours avant la date limite du Goncourt. Paul Flamand, directeur du Seuil, accepte de « délivrer » Hallier de son contrat s'il peut faire imprimer son livre avant le

10. Jean-Edern trouve cinq millions. Dix fois moins riche qu'on ne le croit, par un rapport hystérique avec l'argent, il l'appelle, l'attire. On téléphone à l'imprimerie Bussière ; le directeur, Alain Gavsewitch, hésite puis accepte de sortir les 40 premiers exemplaires pour le 10. Mais le manuscrit n'est pas fini. Ça devient une usine. Trois secrétaires tapent, on monte, coupe et rature, les 27, 28, 29 septembre, trois jours et deux nuits. Hallier a soudain un énorme furoncle mal placé, il risque une septicémie. Le lundi 30 septembre, on part quand même avec le manuscrit à Saint-Amand-Montrond, où se trouve l'usine Bussière. Hallier est blanc, il ne peut plus s'asseoir. A St-Amand, on prépare tout, il dessine la couverture entre deux fièvres. Le lendemain, à Paris, il est sur le billard, après un retour fou, de nuit, en taxi. Je retourne à Saint-Amand. Je corrige les épreuves au fur et à mesure qu'elles sortent des machines. Je découvre l'imprimerie. Jean-Edern, à moitié guéri, me rejoint. Le 9 octobre 1974, à six heures du soir, les quarante premiers exemplaires de *Chagrin d'Amour* sortent brochés. On les poste immédiatement aux jurés des grands prix. On part de Saint-Amand. Après une vitre brisée et deux heures de garage, on arrive à Courtenay, chez Hervé Bazin qui, ahuri, reçoit son exemplaire dédicacé. Pari tenu.

Ce western, ce combat sauvage où aucun obstacle spectaculaire ne manquait, cette pratique engendra immédiatement sa théorie hautement proclamée : « Auteurs, délivrez-vous du poids moral et magique de l'éditeur, éditez-vous vous-mêmes, ou fondez des coopératives ». Notre découverte passionnée de l'imprimerie engendra ce principe : « Auteurs, participez matériellement à l'impression de vos livres, supprimez les intermédiaires, et augmentez vos droits ». Cette action exemplaire a été (non pas à l'origine, mais) un élément clef d'une prise de conscience des écrivains sur le marché du livre, les problèmes d'édition, mais aussi d'un foisonnement important de petites maisons d'éditions originales.

En plus d'un phénomène d'édition, *Chagrin d'Amour* fut le plus formidable cafouillage de confusion entre la réalité et la fiction. Furieuse qu'un certain nomade de l'action lui dise en face ses quatre vérités sur ce qui la fantasme le plus (le sens, le rôle, la signification et le jeu de l'argent) la gauche bien pensante et l'extrême-gauche trouvèrent en Hallier un bouc-émissaire de traîtrise : puisqu'il le disait lui-même, c'est qu'il avait volé ! De Régis Debray à *Libération*, on se mit à romancer la fiction pour en faire du réel. Je n'ai compris que plus tard pourquoi, alors qu'il avait la possibilité de prouver la réalité, Hallier ne s'est jamais défendu contre ces attaques : parce que son désir de provocation l'emportait sur son désir de réalité. Sa vérité ne s'appuie pas sur le réel, mais sur une logique de provocation. S'il dîne chez une comtesse, il lui brandit la faucille et le marteau, s'il casse la croûte avec un trotskiste, il lui vante son appartement place des Vosges.

Provocateur, agitateur, il est aventuriste et ambigu. L'ambiguïté, c'est le lieu même de nous tous, en nos contradictions. Son ambiguïté est le reflet du brouillage et de l'hésitation politique actuelle des classes bourgeoises. Mais n'a-t-on pas besoin de provocateurs pour traverser le brouillard avec leur canne blanche ? « Provoquer, c'est accoucher du réel », dit-il. Ce monsieur n'a qu'un tort : il ne cache aucune de ses contradictions. Il se veut homme public, complètement nu (il a besoin qu'on parle de lui, pour exister) et multiple : il peut être milliardaire, agitateur, désespérado, marxiste, agent secret, n'importe quoi, il ne démentira pas. Baroque, il en rajoute toujours. C'est un circulateur. Sa grande arme dialectique est le téléphone, dont il use dès le petit matin (fils de général, il se lève tôt), pour réveiller, secouer, parler, distribuer de fausses informations qui se révèlent vraies, ou de vraies informations aussitôt démenties. Si, quelquefois, il fait rire, c'est qu'il *dérange* terriblement. S'il ne paraît pas sérieux, fiable, c'est qu'en fait il vous fait douter de vous, et de votre assurance. Significatif, son grand tic de toujours répéter à ses interlocuteurs : « quoi ? quoi ? quoi ? », comme pour les obliger à se révéler, à parler, à exprimer ce qu'ils pensent. Généralement, ils restent muets. Et son « quoi ? » reste dans le désert le cri d'un enfant qui pose des questions à un adulte ignorant et content. Il possède la science de saisir exactement le moment présent dans son éphémère et sa fragilité. En cela, en cela seulement peut-être, il est politique.

Travailler avec lui, c'est être compromis. Se situer dans la zone la plus dangereuse, la plus exposée, en équilibre instable entre les pouvoirs, entre la marge et la récupération. Et je ne suis pas d'accord quand cette démarche tourne au dandysme.

Alors continuent les éditions Hallier. Déjà une

trentaine de titres, des erreurs, des réussites. Des circonstances objectives (paresse et ignorance des écrivains, liaison avec Hachette, un certain parisianisme) empêchent les éditions de toujours fonctionner sur leur principe de départ, coopération active avec l'auteur, désir « d'éditer autrement ». Bien que pratiquant à peu près le contrat-type du S.E.L.F. (*), elles risquent de prendre le chemin d'une maison d'édition classique, publiant ce que pourraient publier les « grandes maisons », avec les mêmes traditions et les mêmes silences. Le poids du système est tel (**).

(*) Voir : « Appendice III ».
(**) Voir : « L'écrivain, l'anti-écrivain et le pseudo-écrivain ».

II

ACTES RELATIFS A LA MORT D'UNE LIBRAIRIE

« Si nous sommes réunis ici, en secret, bien piètres conspirateurs, c'est, vous ne l'ignorez pas, pour essayer de clarifier nos positions sur la triste affaire de la librairie « la Joie de Lire », 19, rue Saint-Séverin, à Paris. D'abord, avant que de se permettre quelques spéculations, il nous faut rendre hommage à François Maspéro, qui n'est *quand même pas* parmi nous. Grâce à lui, cette épicerie fut un grand lieu, concentration active des luttes militantes de la sérieuse guerre d'Algérie à la mascarade de Mai 68. Nous réalisâmes alors, grâce à lui, quelques importants bénéfices. Mais, peste ! il tomba dans la trappe des finances et, douloureuse gestion aidant, de nombreux vols aidant, il ferma ses portes, nous laissant une belle ardoise. Plus vague, son successeur, un dénommé Lallemand, ne remonta point la galère au niveau de l'écume, et lui aussi coula de haut, lui aussi creusant nos sacs d'or. Nous ne fîmes qu'attendre sur la longue file des créances.

C'est alors que nous avons bien ri. Eh quoi, qui donc succédait à ces sérieuses et honorables personnes ? Qui donc rachetait aux enchères cette boutique ? Qui donc, naïf et déguingandé, voulait chausser les chaussons chauds de monsieur François ? Qui donc se permettait de braire, prétendant sauver une culture en péril ? Le grand singe Hallier. Comment, ce bouffon, qui fait rire à droite et à gauche, qui, de plus, se permet d'être un grand écrivain, qui, en plus, se permet de faire peur par de pertinentes remarques heureusement noyées de délicieux dandysme, ce rigolo oserait, libraire, nous vendre de face après avoir, lui ou ses acolytes, craché dans notre soupe et, qui plus est, divulgué le crachat, nous accusant d'être voleurs et vieux, dénonçant nos combines et notre confort, nos contrats et nos usages, à tel point que tout nouvel auteur nous prend de haut ? Ce gêneur aurait-il pignon sur rue ?

Nous nous réunîmes. Nous décidâmes la mort d'Hallier, nous jurâmes de crier un jour : Hallier se meurt, Hallier est mort.

Ainsi, d'un accord commun, en nos commerces intimes et riant sous nos capes bleues, nous convînmes de ne pas « ouvrir de compte » à ce sinistre libraire, de ne lui donner aucune facilité de trésoreries, aucune possibilité de nous payer à 60 ou 90 jours, aucune possibilité de retourner les livres invendus, aucun aide et conseil commerciaux. Il devait nous payer comptant et garder ses livres jusqu'à l'asphyxie.

Fort évidemment, cette décision ne provenait pas uniquement d'une rancune personnelle. Nous devons être des gens de commerce avant que d'être gens de sentiments. L'intendance d'Hallier n'était point trop sûre, et notre cœur se trouva bien avec nos portefeuilles. La meilleure raison de notre mépris, de notre refus de facilités commerciales, serait donc notre crainte de mauvaise gestion et notre échauffement dû à déjà deux faillites en ce lieu que nous qualifiâmes alors de maudit.

Enfin, notre distance devant cette nouvelle Joie de Lire s'appuyait aussi sur notre volonté délibérée de démontrer que nous restons les maîtres du système du livre. Trop de libraires se sentent trop forts, sous prétexte que ce sont eux qui nous vendent et nous payent. Ils risquent de nous en imposer. Il fallait bien taper un peu le poing sur les roses, et crier fort que maîtres nous sommes et le resteront ; que nous ne craignons pas le chantage affectif de la mort d'une librairie ; que si nous refusons un paiement différé et la possibilité de retours, le commerce du livre ne peut vivre ; qu'ainsi il est suspendu à notre *bon vouloir.*

Bien sûr, Hallier, qui a quelques bons amis dans la presse, ne tarda pas à pleurer, à alerter une opinion (heureusement blasée d'alertes de ce genre) sur notre désir sournois et délibéré de le couler, sur notre soi-disant mépris de la culture, et sur sa bonne et évangélique volonté de garder coûte que coûte un lieu symbolique de culture et de politique.

Mais il ne s'agit pas de se donner bonne ou mauvaise conscience. Il s'agit de maintenir notre statut et de préserver nos intérêts. De punir un malfaisant charlatan et de ne pas se risquer dans une entreprise douteuse. Et quand, maintenant, sur le point de fermer, Hallier hurle encore, serpent coupé en deux, nous accusant de sabotage, croyant nous faire fléchir, qu'il sache, ce *cher homme,* que nous nous moquons bien d'une librairie boiteuse, que la culture ne se portera pas plus mal avec une librairie de moins, surtout qui ne vendait que de l'extrême-politique, de l'écologie, des ouvrages de femmes ou de révolution ; qu'il sache que, de toute manière, nous sommes les maîtres. »

Le Duc de la Sodis,
Monsieur du Seuil,
La Duchesse Jeanne d'Hachette,
Monsieur Presse, baron de la Cité,
Le Prince Laffont du Forum.

III

POUR QUELQUES DOLLARS DE PLUS...

Entre l'écrivain et l'éditeur se signe un contrat. Son modèle était un contrat-type élaboré en 1917 lors d'un congrès du livre par la Société des Gens de Lettres et le Syndicat National des Editeurs. La loi de 1957 sur la propriété littéraire codifia un certain nombre de ces usages, qui sont bien sûr à l'avantage de l'éditeur, seul contractant qui se pose comme professionnel. En raison des énormes difficultés commerciales de l'édition (le marché étant structuré par la mauvaise conscience de vendre (*), il est souvent peu rentable d'être éditeur), ce parti considère qu'il doit retirer le maximum d'avantages des contrats, alors léonins (1)... Déséquilibre cruel entre les partis à la signature du contrat, l'un se plaçant comme *devant* vivre de ça, l'autre seulement *pouvant peut-être* en vivre.

En janvier 1976, se constituait le Syndicat des Ecrivains de Langue Française (S.E.L.F.) à l'initia-

---

(*) Voir : « L'écrivain, l'anti-écrivain et le pseudo-écrivain ».

(1) Un contrat léonin : contrat où tous les avantages sont pour un seul des contractants.

tive de quelques écrivains (Marie Cardinal, Yves Navarre, Pierre-Jean Remy, François Chatelet, Geneviève Serreau, etc.). J'ai dit, qu'à mon sens, un syndicat d'écrivain ne pouvait être qu'un mime de syndicat (*), écrire ne pouvant dans tous les cas devenir métier, au sens où l'on doit en vivre. Un des premiers projets du S.E.L.F. fut d'élaborer un nouveau contrat-type, pour arriver à un protocole d'accord avec le Syndicat National de l'Edition (S.N.E.). Ce nouveau contrat-type à proposer devait être à l'avantage des écrivains. Ce renversement de situation sous-entend bien ce désir des écrivains d'être professionnels dans un système. Désir qui ne reste que désir, le système (et idéologique et économique) ne s'y prêtant pas. Mais cette « révolte » des écrivains pouvait contribuer à réactiver les vieilles traditions commerciales du monde du livre. Goutte d'eau douce dans une mer trop salée ?

Un certain nombre de points importants se manifestent dans ce contrat-type du S.E.L.F. :

Durée et étendue de la cession des droits : Actuellement, en France, l'auteur cède à l'éditeur son manuscrit pour toute la durée de la propriété littéraire (jusqu'à cinquante ans après la mort de l'auteur). Projet du S.E.L.F. : « La cession est faite pour une durée de trois ans, à compter de la date de l'achevé d'imprimer du premier tirage. L'Editeur bénéficie ensuite d'un droit de préemption sur l'exploitation de l'ouvrage, à charge pour lui d'assurer à l'Auteur des conditions au moins aussi avantageuses que celles qu'un autre Editeur intéressé par

(*) Voir : « Est Ouest Berlin Ecrivain ».

l'exploitation offrirait de lui consentir. A défaut, le premier Editeur perdra le bénéfice de la cession, et le droit d'exploitation de l'ouvrage sera cédé à l'Editeur mieux offrant. »

Droit d'auteur : Le S.E.L.F. demande 10 % minimum (on trouve encore aujourd'hui des contrats à 8 %).

Droit de passe : Dans les contrats actuels : 10 % des droits sur les livres vendus ne sont pas payés à l'auteur, pour, paraît-il, rembourser l'éditeur des services de presse et des « défraîchis ». En somme, l'éditeur fait payer à l'auteur ses risques commerciaux. Le S.E.L.F.-contrat supprime la « passe ».

Droit de préférence : Actuellement, l'auteur qui signe un contrat accorde à l'éditeur un droit de préférence pour trois, quatre ou cinq de ses ouvrages à venir. Il doit lui présenter en premier les manuscrits, mais l'éditeur n'est pas obligé de les publier. Il est donc difficile de changer d'éditeur. Le contrat du S.E.L.F. supprime ce droit pour l'éditeur.

Auteurs et éditeurs s'aveuglent sur ce droit. Les éditeurs disent qu'ils ne se « risqueront » plus sur de jeunes auteurs, s'ils ne sont pas sûrs que la suite de l'œuvre qu'ils auront « lancée » leur appartiendra. Les auteurs prennent ça comme une atteinte intolérable à leur liberté. En fait, si un auteur est content de son éditeur, il a tout intérêt à y rester. Encore faut-il qu'il comprenne quelque chose au marché du livre !

Droits annexes : Aujourd'hui : 50 % à l'auteur et 50 % à l'éditeur pour les droits d'Adaptation, de Représentation et de Traduction. Le S.E.L.F. : Pour les traductions : 80 % à l'auteur. Pour les adaptations et les représentations : « Si une demande de cession de ces droits par quelque moyen que ce soit est présentée à l'auteur par l'intermédiaire de l'éditeur, les redevances résultant du contrat seront calculées sur une base de 90 % pour l'auteur et 10 % pour l'éditeur. En revanche, si la demande est le résultat des démarches de l'auteur ou de son ou ses mandataires, l'auteur aura 100 % ». Ce qui devrait animer l'existence en France de la profession d'agents littéraires.

Mais la S.E.L.F. n'a pas beaucoup de force. Comment un syndicat d'écrivain pourrait-il avoir de la force, alors que tous ses membres sont divisés, certains gagnant plus que d'autres, la plupart ayant d'autres métiers ? Comment avoir une puissance unitaire ?

Alors, voici ce qui s'est passé :

Extraits de l'assemblée générale extraordinaire du Syndicat National de l'Edition, le 21 décembre 1976 :

« (...) M. Chotard (1) donne la parole à M. Dupouey. En effet, un « Syndicat des Ecrivains de Langue Française » s'est créé. Il est intervenu souvent et avec fracas dans la presse mais les éditeurs n'ont pas répondu. Mme Marie Cardinal, Président, a donc été obligée d'entrer en contact avec M. Chotard.

Après examen, le Bureau a chargé M. Dupouey

---

(1) M. Chotard est président du S.N.E., et *aussi* vice-président du C.N.P.F. !

de rencontrer officieusement Mme Cardinal. Celle-ci lui expliqua que le S.E.L.F., avec bien des peines, avait élaboré un nouveau code des usages et un contrat-type, et souhaitait en discuter avec les éditeurs.

Après une interruption assez longue due aux vacances, une délégation comprenant le Président, le Secrétaire général du S.N.E. et M. Dupouey, a reçu le 2 décembre, Mmes Cardinal et Serreau accompagnées de Paul Guimard et François Châtelet.

Les représentants du S.E.L.F. ont remis aux éditeurs leurs projets de contrat et de code des usages.

On y trouve la limitation de la cession de la propriété littéraire à 3 ans, le partage des droits annexes dans la proportion de 90 % à l'auteur et 10 % à l'éditeur, la disparition pure et simple de la passe, etc.

Bien entendu, c'est une base de discussion. Mais faut-il discuter, demander au S.E.L.F. de s'entendre avec les autres associations d'auteurs, et notamment la Société des Gens de Lettres, car il ne peut y avoir plusieurs contrats-type, ou faut-il simplement ignorer tout cela ? (...)

Mme Braun demande qui fait partie du S.E.L.F. M. Dupouey lui répond que ce syndicat a 582 cotisants, parmi lesquels nombreux sont les écrivains de province (2) (...).

M. Chotard demande alors quelle doit être l'attitude du S.N.E. vis-à-vis du S.E.L.F.

M. Boyer propose que l'on signe avec la Société des Gens de Lettres puis que, forts de cet accord,

---

(2) Ce qui, pour lui, doit signifier que ce sont des peigne-cul !

on se retourne vers les autres organisations en leur proposant de causer. M. Chotard estime que c'est une bonne attitude. On peut négocier avec le S.E.L.F., mais la position du S.N.E. sera d'autant meilleure qu'il se sera entendu avec les Gens de Lettres. D'autre part, il est difficile, à notre époque, de refuser la discussion avec un syndicat, cela pourrait être dangereux : ignorés, ces écrivains pourraient rechercher une modification de la loi.

La proposition de M. Boyer est donc acceptée. »

Qu'est-ce que la Société des Gens de Lettres (S.G.D.L.) ? Une association créée par Baumarchais au 18e siècle pour défendre les intérêts des écrivains. Aujourd'hui, cette association est à la fois complètement fantoche et très représentative : elle s'occupe de la perception des droits de l'audio-visuel et tout écrivain qui reçoit quelques sous des radios ou télévisions a intérêt à s'y inscrire.

On assista donc, pour cette histoire de contrat-type à une sordide collusion entre cette association et le S.N.E. Depuis vingt ans, paraît-il, la S.G.D.L. préparait, sans y croire, un nouveau contrat. Pressé par le projet du S.E.L.F., le S.N.E. raviva vite la commission contrat-type de la S.D.L.G. et s'entendit avec elle pour maquignoner entre amis un nouveau contrat qui n'apporte rien de nouveau, si ce n'est une modulation de la passe (pas de passe sur les 200 premiers exemplaires, puis 8 % jusqu'à 30 000 exemplaires, 7 % au-delà de 30 000, 6 % au-delà de 45 000, 5 % au-delà de 60 000), mais qui, surtout, éclaire sa position pro-éditoriale dans un petit paragraphe significatif à propos du droit de représentation : « L'Editeur cessionnaire des droits ci-dessus s'emploiera, dans toute la mesure de ses moyens, à les exploiter au mieux de l'intérêt réciproque des parties. Faute de cet intérêt réciproque, la non exploitation de l'un ou de plusieurs de ces droits ne peut en aucun cas être une cause de résiliation du présent contrat, lesdits droits étant cédés irrévocablement à l'Editeur, en contrepartie non seulement des droits prévus aux Articles 6 et 7, mais aussi de l'engagement pris par lui de publier l'œuvre en librairie et pour le couvrir éventuellement du risque qu'il court en procédant à cette publication ». Voilà qui est bien à l'avantage exclusif des éditeurs, voilà qui est bien léonin.

Peut-on définir ce complot en ces termes et points de vues : un syndicat de travailleurs (le S.E.L.F.) veut des négociations pour remettre à jour un contrat de travail ; inquiet, le syndicat patronal (S.N.E.) maquille des négociations-bidon avec une autre association de travailleurs, mais fantoche et à sa solde (la S.D.G.L.)?

En vérité, si le S.N.E. est un syndicat patronal, et Chotard à sa tête le prouve bien, un syndicat d'écrivain n'est pas vraiment un syndicat de travailleurs. D'où l'ambiguïté. Il pourrait devenir syndicat terroriste pour faire valoir son point de vue. Mais peut-on demander ça à de grands écrivains ?

Et tout cela démontre bien la position de l'Editeur face à l'Ecrivain : Editer un livre est posé comme un service rendu ; l'éditeur n'est pas un employeur de l'écrivain, mais son mécène. On comprend alors que, dans cet état économique d'esprit, le contrat d'édition ne puisse être que léonin, en faveur de l'éditeur. Face à l'inflation de manuscrits, c'est un rare honneur que d'être publié, en ce monde féodal.

Pour changer l'attitude de l'éditeur devant l'écrivain, il faudrait changer radicalement la circulation des livres (*). Même s'il gagne quelques dollars de plus, l'écrivain reste étranger au commerce.

De plus, pour avoir quelques forces, un syndicat devrait penser que l'état d'écrivain renferme trop de cas différents ; il faudrait parler : « d'écrivains qui ne sont pas publiés » (un syndicat !), « d'écrivains qui ne gagnent pas leur vie en littérature et qui font d'autres métiers » (un syndicat !), « d'écrivains qui gagnent bien leur vie en écrivant » (encore un syndicat !). De plus, dans ces catégories, rentrent aussi les différences entre ceux qui écrivent des poèmes, des livres de classes, des dictionnaires, des ouvrages scientifiques et des livres pornos...

Les écrivains sont insaisissables, différents, sans statut, errant, rapinant quelques avantages, quelques droits, quelques cerises. Ils n'existent pas. En face d'eux, les éditeurs existent.

(*) Voir : « L'écrivain, l'anti-écrivain et le pseudo-écrivain », et « Le oui-livre, le non-livre et le trop-de-livres ».

IV

LES JOUJOUX DE MONSIEUR DE BEAUBOURG (1)

Des humoristes très compétents ont clamé que le Centre Georges-Pompidou ressemblait à une raffinerie de pétrole : tuyaux, tuyaux et tuyaux. Mais, semble-t-il, on a oublié de constater combien cette ressemblance était significative. L'Europe, privée depuis trois ans de la libre et coquette circulation du pétrole, étranglée par les ricanements délicats des apôtres du pétro-dollar, s'est payé, en un de ses centres — Paris — sa propre raffinerie. « *Nous les avons, nous aussi, nos pipe-lines et multicolorement peints en plus ; c'est le pied-de-nez à tous les cheiks de gauche ou de droite* » clame l'inconscient tricolore de la société libérale avancée. Mais ces tuyaux ne distillent aucun or noir, ils ne sont qu'un jouet symbolique. Quel adulte n'a pas rêvé d'un immense train électrique, dont il serait le génial et démiurge chef de gare, libre d'organiser toutes les catastrophes ? Eh bien, là, on lui met entre les mains une usine, une raffinerie, un haut

(1) Article paru dans « Le Matin de Paris », du 24 février 1977.

fourneau, un grand magasin. C'est brillant, c'est neuf, ça fonctionne, et surtout ça ne vend rien, ça ne produit rien.

Ce jouet, le capitalisme gaulliste ne l'offre pas à ses frères, la grande bourgeoisie (ils vont au Louvre ou à Florence), mais à ses fils, à ses enfants turbulents, la petite bourgeoisie, les intellectuels, ceux qui aiment bien tonton François. Et aux bâtards, ouvriers, paysans ? A eux aussi, mais il faut qu'ils se déplacent de leurs faubourgs, de leurs champs, parce qu'on n'allait pas, quand même, construire Pompidou en banlieue !

Et ce grand jouet protège la « culture ». Mais qu'appelle-t-on la culture ? Dans ces tuyaux qui jouent à la raffinerie de pétrole, on ne pouvait trouver, dérisoires et sublimes, que des... amusements ! Quand Barbe-Bleue partit en voyage, sa femme invita les commères du voisinage à visiter ses châteaux, et elles fouillèrent partout, s'amusant de tout, ivres de toucher, d'essayer toutes robes, de se parer des bijoux.

A Beaubourg, les fils de Pompidou peuvent rire, peuvent s'amuser : les sculptures sont des tobogans ; les tableaux, des poupées ; les livres, des soldats de plomb. Et la bibliothèque : quel adulte, qui a voulu entrer une fois dans une bibliothèque municipale, nationale ou internationale, ne s'est pas immédiatement heurté à des remparts de paperasseries, fiches à remplir, déclarations d'état civil, fichiers, numéros à trouver, afin de pouvoir consulter, après un quart d'heure d'attente, un vieux livre dûment tamponné, et prêté pour une durée précise, dans un silence, un recueillement, un rituel si strict que la peur de mal lire brouille tout plaisir ? Chez Pompidou, au contraire, on entre, et aussitôt on touche aux livres, on les palpe, on les feuillette sur les rayons, on va les lire assis dans un coin, ou à plat ventre, on les remet, on en prend d'autres, on s'amuse comme si on était enfermé pour une nuit, en secret, dans une librairie. Cette liberté n'est évidemment possible que parce qu'une inscription magnétique se signale si le livre sort de l'enclos réservé.

Un coin est proposé aux enfants : ils attrapent des bandes dessinées, des Mickey, des Tintin, des Lucky Luke sur des rayons et s'installent à quatre pattes, ou sur des tables, lisent, dessinent les rêves de leur lecture. A côté, les adultes, contrairement aux ancestrales coutumes, singent les enfants ; et, avec une petite joie vite transformée en vive avidité, prennent les œuvres complètes de Kant, les feuillettent, les manipulent, s'endorment et rêvent. Enfin les plus de dix ans ont aussi leur jardin d'enfant ! Et tout neuf comme un camion ! Enfin la démystification du livre dans une bibliothèque publique !

A démystifier ainsi le livre, on vient à en faire un autre mythe : un jouet gratuit. L'adulte joue à jouer, joue à être enfant émerveillé par des merveilles. Au milieu d'une des bibliothèques du Centre Pompidou est montrée au visiteur une exposition qui s'appelle *Faire un livre.* Une décomposition méthodique — écrire, éditer, imprimer, diffuser, lire — de la vie physique d'un livre. Mais cela est fait avec une telle simplification, une telle naïveté, une telle fraîcheur, une telle clarté (petits dessins, petits tableaux) que sont en majeure partie raturés la vie économique, terrible et profonde d'un livre, les soubassements politiques et mercantiles de cette industrie.

Et cela m'a fait penser aux manuels d'initiation sexuelle pour les enfants de dix ans où tout est présenté avec calme et propreté, mais où sont voilés toutes les profondeurs libidineuses, tous les terribles fantasmes de la vie sexuelle. Faut-il tout dire aux enfants ? Ne vaut-il pas mieux leur présenter le livre comme un joujou fabriqué avec beaucoup d'amour et beaucoup d'astuces techniques !

On peut s'inquiéter que les adultes aient jouissance de ce jardin merveilleux, de ce paradis terrestre ; ce n'est pas pour les abêtir, mais pour les cultiver ! Et ça fait longtemps que la culture désirait n'être que jouet ! De Marcel Duchamp (qui justement inaugure une série d'expositions de peintures) à Ben, en passant par Robbe-Grillet !

Mais quelle récupération ! L'Etat libéral capitaliste récupère des théories et des pratiques culturelles en les coupant de leur contexte (elles réclament justement, pour être effectives, le passage à un autre type d'économie), en les isolant, en les dénaturant. Et Beaubourg, c'est aussi Mai 68. Du moins sa parodie, son jeu. C'est Mai 68, ses délices de mystification et de dévalorisation, son sang neuf, mis en musée, dix ans après. Mourant lentement, Pompidou, vieux normalien, vexé de n'avoir participé à Mai 68 que de l'autre côté de la barricade, rêva de le mettre en boîte. Et c'est fait.

Aujourd'hui, entrant à Beaubourg, je suis comme un enfant. D'ailleurs, comme un enfant, Beaubourg n'est qu'un échafaudage, un jeu de Lego en construction. Et je repense à cette vieille dame (que j'invente), qui me disait, regardant cette architecture : « *Vivement qu'ils enlèvent les échafaudages, qu'on voie enfin ce qu'il y a derrière.* » Mais il n'y a rien derrière, comme les enfants qui ne sont que des échafaudages sous lesquels se bâtit le mythe d'une intelligence. Je ne voulais pas être l'enfant de Valéry Giscard d'Estaing et de Françoise Giroud ; pourtant, entrant lire à la bibliothèque de Georges Pompidou, j'étais un enfant de la France de 1977. Et alors, j'ai marché et j'ai vu un couloir. Et il a tourné, j'ai tourné. Et puis, il y avait un tunnel qui montait tout seul et j'ai vu les lumières. Après, il y avait des messieurs et des dames. Et après, il y a eu des livres, tout plein de livres partout. J'ai pris un livre et je l'ai mis sur une table. Et j'ai soufflé dessus, et le livre est tout parti en feuilles. Alors, j'ai pris un autre livre, et puis un autre livre, et puis encore. J'ai mis beaucoup de livres encore, et ça a fait un château. Alors, j'ai ouvert un livre en deux et ça a fait le toit du château. J'étais content, il était beau mon château, mais je ne pouvais pas l'habiter, parce que je suis quand même trop grand. Alors, j'ai donné un coup de pied et le château s'est tout cassé. Personne ne m'a grondé. Et j'ai cherché mon papa et il était pas là. Alors, j'ai couru et je me suis arrêté, papa n'était pas là. J'ai crié, mais il n'est pas venu. J'ai descendu, j'étais perdu. Mais pas mon papa. Il y avait une grosse boule dans ma gorge. Je suis sorti dans la nuit. Je pleurais, je pleurais. Alors, lentement, toute la horde de policiers, de CRS, de gardes mobiles qui entourent Beaubourg est venue me questionner.

Je remercie ceux avec qui je travaille quotidiennement dans l'édition et la librairie, et qui, directement ou indirectement, m'ont aidé pour ces textes : Sylvie Bouscasse, Michèle Gaillard, Jean-Marc Desmarestz, Jean-Edern Hallier et François de Negroni.

F. C.

TABLES DES MATIÈRES

ÉDITIONS HALLIER

Responsables : Sylvie Bouscasse, François Coupry, Michèle Gaillard, Jean-Edern Hallier, François de Negroni.

Livres parus

— Jean-Edern Hallier : CHAGRIN D'AMOUR (roman).
— André Coutin : LES CAHIERS AU FEU (l'incendie du C.E.S. Pailleron).
— François Coupry : DANS L'INTIMITÉ DU TORO (entretiens avec des toreros français).
— David McTaggart : LA CROISIÈRE NUCLÉAIRE.
— François Châtelet : LES ANNÉES DE DÉMOLITION (roman).
— François Coupry : MILLE PATTES SANS TÊTE (roman — Prix des Deux-Magots 1976).
— François Coupry : L'ANTI-ÉDITEUR (pamphlet).
— Élisabeth Huppert : L'HOMME-CHEWING-GUM ET LA FEMME-VENTRE (roman).
— La Villedieu : L'ÉTALON (roman).
— Jean-Paul Dollé : HAINE DE LA PENSÉE (essai).
— Jack Thieuloy : LA GESTE DE L'EMPLOYÉ (roman).
— Jean-Marie Benoist : PAVANE POUR UNE EUROPE DÉFUNTE (essai).
— Hélène Bleskine : DÉRIVE GAUCHE (roman).
— Twickenham : LES RAISONS DANGEREUSES (essai).
— Bernard Lambert : NARCISSE (roman).

— Jean Cordelier : LA DÉBANDADE (récit).
— Bertrand Fessard de Foucault : DERNIÈRE PRIÈRE A M. VALÉRY GISCARD D'ESTAING ENCORE PRÉSIDENT DE LA RÉPUBLIQUE.
— Tara Depré : ANODIN (roman).
— Collectif Givre : DANDYS DE L'AN 2000.
— François de Negroni : LES COLONIES DE VACANCE (essai).
— Eugène Sue : LES MYSTÈRES DE PARIS (t. I).
— Eugène Sue : LES MYSTÈRES DE PARIS (t. II).

A paraître

— Henri Poulaille : LE NOUVEL AGE LITTÉRAIRE.
— A. Avramesco : LE MYTHE DE PROMÉTHÉE, I : LE FEU.
— Jean-Edern Hallier : CHAPITRE INCONNU D'AMAZONIE (roman).
— Eugène Sue : LES MYSTÈRES DE PARIS (t. III, IV).

COÉDITION HALLIER/P. J. OSWALD

Livres parus

— Tarjei Vesaas : LES OISEAUX (roman).
— Michelle Loi : POÈTES DE PEUPLE CHINOIS (anthologie).
— Henry Miller : LE TEMPS DES ASSASSINS (essai sur Rimbaud).
— Haniel Long : LA MERVEILLEUSE AVENTURE DE CABEZA DE VACA (récits).
— Pierre Jakez Hélias : LA PIERRE NOIRE (poèmes).
— Jakob Wassermann : GASPARD HAUSER (roman).

ACHEVÉ D'IMPRIMER
LE 30 AVRIL 1977
SUR LES PRESSES DE
L'IMPRIMERIE FOLLOPPE
— A FLERS (ORNE) —
N° D'IMPRESSION : 25 362
DÉPOT LÉG. 2e TR. 1977

ISBN : 2-85785-037-9 HSC : 77/V 57-0992-8